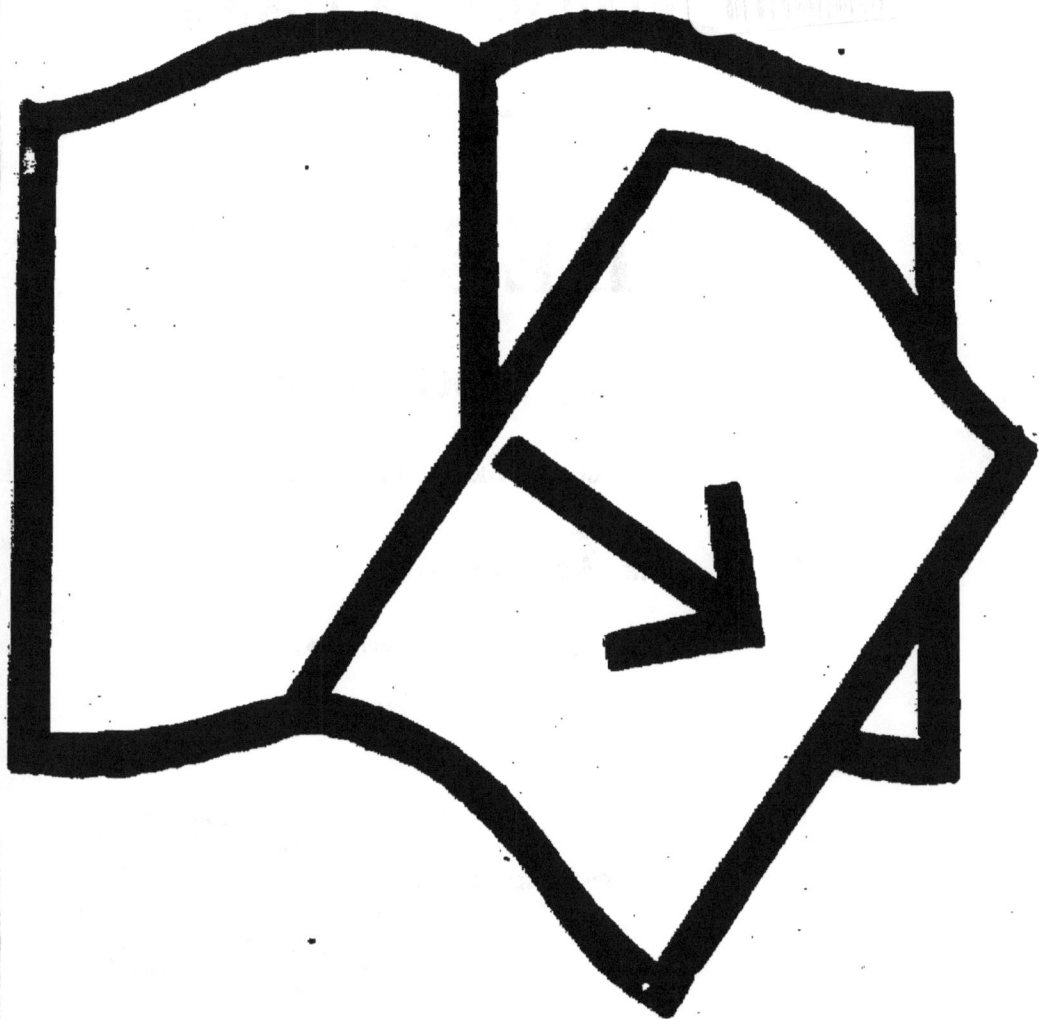

Couvertures supérieure et inférieure
manquantes

LA RÉUNION

DE LA BRETAGNE A LA FRANCE

THÈSE

POUR LE DOCTORAT

PRÉSENTÉE A LA FACULTÉ DES LETTRES DE PARIS

PAR ANT. DUPUY

Ancien Élève de l'École normale,

PROFESSEUR AU LYCÉE DE BREST

BREST

IMPRIMERIE ET LITHOGRAPHIE GADREAU, RUE DE SIAM, 99

—

1879

TABLE

des sources auxquelles nous avons puisé pour ce Travail

Alain Bouchard : *Chroniques de Bretagne.*
Bertrand d'Argentré : *Histoire de Bretagne.*
Pierre Lebaud :   id.
Dom Lobineau :   id.
Dom Morice :   id.
Daru :   id.
Actes de Bretagne, ou Mémoires pour servir de preuves à l'H.stoire de Dom Morice.
Iraïrl : *Histoire de la réunion de la Bretagne à la France.*
De Carné : *Pierre Landais et la Nationalité bretonne* (Revue des deux Mondes, 1861).
De Courson : *Prolégomènes du Cartulaire de Redon.*
De la Borderie : *Précis des origines de l'Histoire de Bretagne.*
Idem : *Louis de la Trémoille et la Guerre de Bretagne.*
Ducrest de Villeneuve et Mallet : *Histoire de Rennes.*
Levot : *Histoire de la Ville et du Port de Brest.*
   Id.: *Biographie bretonne.*
Guillaume Lejean : *Histoire de Morlaix.*
Ogée : *Dictionnaire de la Bretagne.*
Vignier : *De l'ancien Etat de la petite Bretagne.*
Du Droit public de la Bretagne (Anonyme 1789).
Maître : *Histoire des Hôpitaux de la ville de Nantes.*
Lemen : *La Cathédrale de Quimper.*

Luce : *Histoire de Bertrand du Guesclin.*

Leroux de Lincy : *Histoire d'Anne de Bretagne.*

Potier de la Germondais : *Du Gouvernemement des Paroisses,*

Hévin : *Questions féodales.*

    Id.   *Coutume de Bretagne.*

De Fourmont : *Histoire de la Chambre des Comptes.*

Caron : *Administration des États de Bretagne.*

Geslin de Bourgogne et de Barthélemy : *Les Évêchés de Bretagne.*

Revue de Bretagne et de Vendée.

D. Vaissette : *Histoire de Languedoc.*

D. Plancher : *Histoire de Bourgogne.*

D. Félibien : *Histoire de Paris.*

Le P. Anselme : *Généalogie de la Maison de France.*

Desormeaux : *Histoire de la Maison de Bourbon.*

De Barante : *Histoire des ducs de Bourgogne.*

Duclos : *Histoire de Louis XI.*

Legeay : *Histoire de Louis XI.*

De Cherrier : *Histoire de Charles VIII.*

Luchaire : *Alain d'Albret.*

Baschet : *De la Diplomatie vénitienne au xvi* siècle.*

Boutaric : *Institutions militaires de la France.*

———

Commines : Édition de Mlle Dupont.

Lenglet-Dufrénoy : *Preuves de Commines.*

Naudé : *Additions à l'Histoire de Commines.*

Chroniques de Saint-Denis.

Chronique scandaleuse.

Monstrelet.

Basin : *Histoire de Louis XI,* etc.

De Clercq.

Olivier de la Marche.

Jean de Haynin.
Châtelain.
Molinet.
Defrey : *Chronique de Charles VIII.*
Jaligny.
Godefroy : *Historiens de Charles VIII.*
Robert Gaguin.
Hubert Velley.
Paul Emile.
Cl. Seyssel.
Saint-Gelais.
Jean d'Auton.
Guillaume et Martin du Bellay.
Le loyal Serviteur.
Pontus Heuterus.
Mémoires du jeune Aventureux.
Mémoires de Louise de Savoie.
Correspondance de Charles VIII avec La Trémoille.
Jean Bouchet : *Panégyrique de La Trémoille.*
Brantôme.
Bacon : *Histoire d'Henri VII.*
Cimber et Danjou : *Archives curieuses de l'Histoire de France.*

Documents inédits sur l'Histoire de France :
Journal des Etats de 1484.
Journal du Conseil de Charles VIII.
Collection Champollion-Figeac.
Collection Leglay.
Collection Weiss.

Bibliothèque nationale : Legrand , m n s. 6961-6990
Manuscrits des Blancs-Manteaux.

Archives nationales : *Documents relatifs à Louis XI, Charles VIII, et à l'Histoire de Bretagne.*

Archives de la Loire-Inférieure : *Trésor des Chartes et Registres de la Chambre des Comptes.*

Archives du Finistère : *Cartulaire de Landévennec ; de l'évêché de Cornouaille ; Comptes des miseurs de Quimper.*

Archives de Rennes.

Archives de Pommorio, de Kerdaoulas et de Kervasdoué, dont nous devons la communication à Messieurs de Tréveneuc, de Goesbriand et de Kervasdoué.

Le Déal de Piré. Beau registre de 700 pages, conservé à la cure de Piré, et comprenant les comptes des fabriqueurs de 1519 à 1552. Ce registre nous a été signalé par M. Quesnet, archiviste d'Ille-et-Vilaine.

CHAPITRE PREMIER.

Origine du Duché de Bretagne

L'établissement de l'unité territoriale en France à la fin du xvᵉ siècle, était une nécessité pour la monarchie, qui ne pouvait rester divisée, quand autour d'elle s'organisaient de puissants états, tels que l'Angleterre, l'Espagne et la monarchie autrichienne. Le maintien des dynasties provinciales était d'ailleurs condamné par l'expérience de la guerre de cent ans, pendant laquelle leur rivalité et leurs intrigues avaient failli perdre la France. La royauté, en s'appliquant à les détruire, entreprenait donc une œuvre légitime et patriotique. La transformation opérée dans l'ancienne organisation du royaume par les rois du xvᵉ siècle n'en fut pas moins difficile pour la couronne, parce que, du jour où les grands feudataires comprirent que leur existence était menacée, ils se liguèrent pour se défendre, et douloureuse pour les provinces, parce que la royauté, en les arrachant à leur isolement leur imposait le sacrifice de leurs traditions et de leur indépendance.

Entre toutes les provinces du royaume, celle à qui ce sacrifice devait paraître le plus cruel était la Bretagne.

Par son origine, en effet, par son histoire et le caractère de ses rapports avec la couronne, elle se distinguait profondément du reste de la monarchie. Fondé au vᵉ siècle de l'ère chrétienne par les émigrés Logriens et Cambriens qui, chassés de Grande-Bretagne, se réfugièrent en Armorique pour échapper à l'invasion saxonne, agrandi au ixᵉ siècle par les conquêtes de Noménoé, qui ajouta la Bretagne française à la Bretagne bretonnante, le duché de Bretagne était moins un fief de la couronne de France qu'un état subordonné, allié plutôt que vassal.

Les princes de la maison capétienne de Dreux, qui gouvernaient le pays depuis le xiiiᵉ siècle, avaient conservé d'importants priviléges. L'hommage des ducs de Bretagne n'était ni l'hommage lige, *obsequium feudale*, ni l'hommage simple ou l'hommage de service, *obsequium officiale*, des autres feudataires. C'était un hommage de paix, de confédération et d'alliance, *obsequium sociale*. C'était même moins un hommage qu'une marque de déférence envers un voisin puissant, un baiser d'honneur. ¹ Les jurisconsultes bretons disaient de leur duc : *se subdit et confœderatur*. ² Pendant la cérémonie, le duc restait armé et debout. Il ne prêtait pas le serment de fidélité. Le chancelier de France ne manquait pas de déclarer que l'hommage était lige. Le chancelier de Bretagne répondait avec vivacité que le duc ne devait pas l'hommage lige, qu'en le rendant, « il ferait novalité. » Le roi terminait la discussion en disant qu'il recevait l'hommage en la forme accoutumée. Le chancelier de France réclamait alors l'hommage pour la pairie. Bien que les ducs de Bretagne eussent accepté cette dignité en 1297, ils avaient toujours refusé de rendre l'hommage ordinaire des pairs de France. Le duc éludait la question du chan-

1. D'Argentré. — 2. Du droit public de la Bretagne, Rennes, 1789.

celier sous prétexte qu'il n'en avait pas délibéré avec son conseil. [1] L'autorité du roi sur la Bretagne ne se manifestait que dans les cas bien définis de faux jugement et de déni de justice, pour lesquels les sujets du duc pouvaient recourir au Parlement de Paris. [2]

Hors de ces deux cas, l'indépendance du gouvernement breton est complète. Le duc envoie et reçoit des ambassadeurs, conclut des traités de paix, d'alliance ou de commerce, sans avoir à rendre compte de ses actes. Les autres feudataires ne reçoivent de leurs vassaux qu'un hommage conditionnel, où les vassaux réservent la fidélité qu'ils doivent à la couronne. Il n'en est pas de même du duc de Bretagne. Ses sujets le reconnaissent comme leur souverain seigneur. [3] L'hommage qu'il reçoit de ses vassaux est absolu et sans réserve, « plus proche au duc qu'à nul autre, contre tous ceux qui peuvent vivre et mourir. » [4] Le duc a de grands officiers, comme le roi de France, un maréchal, un amiral, un chancelier. Il place en tête de ses ordonnances cette formule significative : « De notre certaine science, dans la plénitude de nos pouvoirs royaux et ducaux. » Sa couronne n'est pas un cercle ducal, mais une couronne fermée, comme celle des rois. Quand il se fait sacrer à Rennes, quand il ouvre les séances du Parlement général de Bretagne, la pompe qu'il déploie est celle d'un roi, plutôt que celle d'un duc.

La Bretagne n'envoie pas de représentants aux États généraux du royaume Elle n'a ni subside, ni contingent militaire à fournir. Les lois et ordonnances rendues par le roi pour toute l'étendue de son royaume ne sont pas appliquées en Bretagne. Le duché a ses lois et ses ins-

1. Actes de Bretagne, II, 1729 et 1737. — 2. Du droit public de la Bretagne. — 3. Arch. de la Loire-Inf. E. 106. — Du droit public de la Bretagne.

titutions particulières, votées par les États, promulguées
et appliquées par le duc. Le duc ne paie aucun droit de
relief à son avènement à la couronne. Il délivre sur ses
terres des lettres de grâce, des lettres de noblesse, de
sauve-garde, des saufs-conduits aux marchands étrangers.
La justice n'est rendue qu'en son nom, par ses tribunaux,
ou ceux de ses vassaux. Il a sa monnaie d'or et d'argent.
Il perçoit seul les revenus de son duché. Il dispose seul
des forces militaires de son pays. Il nomme et reconnaît
les évêques et les abbés de Bretagne, perçoit les régales,
et administre les bénéfices vacants. Bien que placé léga-
lement dans la province de Tours, le clergé breton ne se
confond point avec le clergé français. Dans les conciles
généraux, il a un banc séparé, sur le même rang que le
clergé des principautés indépendantes. Pendant le grand
schisme, il a refusé de reconnaître les papes d'Avignon,
auxquels obéissait le reste du royaume. En 1438, la Bretagne repousse la pragmatique sanction, et reste pays
d'obédience.[1] A l'avènement de chaque nouveau pape, le
duc envoie une ambassade spéciale pour lui présenter sa
soumission. Quand le Saint-Siège adresse une bulle au
clergé français, il en expédie une copie séparée au clergé
breton[2].

Non-seulement le gouvernement du duché de Bretagne
a tous les caractères de l'indépendance, mais les Bretons
forment réellement un petit peuple distinct, plein d'ardeur et de patriotisme. Toutes les classes de la Société
luttent de dévouement, quand le pays est menacé. En
1477, le duc craint d'être attaqué par Louis XI ; il ordonne d'armer rapidement les places de la frontière ; le
temps presse, car le roi a réuni des forces considérables
sur les limites de la province : le clergé, la noblesse et

1. Arch. d'Ille-et-Vilaine A 31, ba. — 2. Act. de Bret. III, 44.

les bourgeois de Nantes, malgré leurs priviléges, s'offrent au service de la corvée, pour nettoyer les fossés et réparer les murailles. [1] En 1480, lorsque Louis XI a acheté les droits de la maison de Blois sur la Bretagne, le gouvernement breton effrayé veut augmenter l'effectif de son armée. Le duc ordonne de choisir dans les neufs évêchés 20,000 bons corps capables de servir à côté des francs-archers. Cette nouvelle excite l'enthousiasme : le menu peuple est fier d'être appelé à défendre son pays; il se prête avec ardeur au recrutement [2].

Les Bretons connaissaient leurs droits et les maintenaient avec une indomptable ténacité. Ils étaient fiers de leurs institutions et de leur indépendance. Ils aimaient à rappeler que leur pays n'était ni un apanage, ni un fief de la couronne, mais une principauté alliée ; qu'avant d'être rattachée au royaume de France, la Bretagne était un état libre et ne relevant que de Dieu ; qu'avant d'avoir des ducs, ils avaient eu des rois [3]. Ils avaient une histoire légendaire que les lettrés acceptaient avec complaisance, et qui flattait singulièrement leur vanité nationale. Elle donnait à leur nation une origine plus ancienne et bien plus noble que celle du royaume de France. Cette légende s'était répandue au xiie siècle, lors de la lutte soutenue contre les Plantagenêts. Elle s'appuyait sur les récits mensongers de deux moines Gallois, Gérard le Cambrien et Geoffroy de Montmouth. Le royaume de France ne datait que du ve siècle, et d'une conquête barbare. D'après la légende, la principauté de Bretagne datait du ive siècle, et de l'occupation pacifique de l'Armorique par une armée régulière et civilisée. L'usurpateur Maxime, révolté contre l'empereur Gratien, était débarqué en Gaule

1. Arch. de la Loire-Inf. Reg. de la Chancell., 1477, f° 39, r°. — 2. Arch. de la Loire-Inf. Reg. de la Chancell. 1480, f° 71, v°. — Act de Bret. ii, 1556.

en 382, entraînant à sa suite toute la jeunesse de la Grande-
Bretagne sous les ordres d'un prince appelé Conan Mériadec.
Après la mort de l'usurpateur. Conan Mériadec et ses
soldats se retirèrent en Armorique, où les habitants, re-
connaissant en eux des hommes de même race, les reçurent en amis et en libérateurs. Conan Mériadec prit le
titre du roi, « et fonda son principal palais en la cité de
Nantes ; vers le midi et la région australe, et les parties
fluviales et marines, auquel lieu il fit sa demeurance,
pour résister aux Gaulois, Celtes et Aquitains[1]. » Il eut
dix successeurs, qui régnèrent à la fois sur la grande et la
petite Bretagne, et dont l'autorité s'étendit jusqu'à Bourges.
La légende connaissait leur nom et leurs exploits. Elle en
plaçait quelques-uns au rang des saints. La conclusion
de l'histoire légendaire était que le duché de Bretagne avait
des titres tout aussi respectables que le royaume de
France. Pierre de Dreux les ignorait, quand il consentit
à rendre hommage à Philippe-Auguste. C'est à cause de
cette faute qu'il avait reçu le surnom de Mauclerc[2]. Les
rois de France auraient eu véritablement bien mauvaise
grâce aux yeux des Bretons, s'ils avaient essayé d'abuser
d'une suzeraineté contestable, et qui reposait plutôt sur
une erreur que sur des droits régulièrement établis.

Cependant les Bretons étaient plus Français qu'ils n'affectaient d'en convenir. Ils n'avaient aucune hostilité pour
la France. Le sentiment qui dominait chez eux était un
ardent provincialisme. L'influence française s'était répandue
en Bretagne à leur insu, par des progrès lents et irrésis-
tibles. Les conquêtes de Noménoé et la réunion de la
Bretagne Gallot à la Bretagne bretonnante avaient contribué à propager l'usage du français, qui devint au XIᵉ
siècle la langue de l'administration et de la cour[3]. Avant

1. Lebaud. — 2. Act. de Bret. II, 1656. — 3. Daru.

le règne de François II, la Bretagne n'avait pas d'université. C'est à Paris et à Angers que se rendaient les jeunes gens qui voulaient terminer leurs études [1].

Dans ces deux universités, ils adoptaient rapidement l'esprit et la civilisation française. La noblesse bretonne se trouva de plus mêlée à toutes les entreprises et à toutes les aventures de la féodalité. Elle prit part à la conquête de l'Angleterre par les Normands. Alain Fergent, fils du duc Hoel, accompagna Guillaume le Bâtard avec un grand nombre de seigneurs bretons. Les ducs de Bretagne acquirent ainsi en Angleterre le beau comté de Richemont. Les gentilshommes bretons se signalèrent ensuite dans les Croisades et même dans la guerre des Albigeois. A l'exemple des princes Capétiens de la maison de Dreux, ils conclurent en France des alliances de famille, et acquirent des fiefs Les relations entre les deux pays devinrent encore plus étroites et plus fréquentes pendant la guerre de Cent ans. Deux causes contribuèrent alors à développer les sentiments français en Bretagne. Ce fut d'abord la gloire de du Guesclin, et de ses deux illustres successeurs, Olivier de Clisson et Arthur de Richemont. Toute la noblesse bretonne était fière du grand rôle qu'ils avaient joué à la tête des armées françaises [2]. Elle ne pouvait plus renier la patrie à laquelle s'étaient dévoués ces glorieux capitaines. Ce fut ensuite la haine commune des Anglais, dont la domination n'était pas moins insupportable à la Bretagne qu'à la France.

Enfin Charles V inaugura à l'égard des Bretons une politique habile et patiente, dont le succès était infaillible. Leur noblesse était pauvre et belliqueuse : il l'attira à sa cour en lui prodiguant les titres, les commandements

1. Arch. de la Loire-Inf. Reg. de la Chancell. 1487, f° 261, v°. — 2. Ce sentiment paraît, arch de la Loire-Inf. E. 190, dans l'affaire de Jacques de Saint-Pol.

militaires et les pensions. Bertrand du Guesclin, un obscur cadet de famille, devint connétable de France et duc de Longueville. Sa fortune extraordinaire, si bien justifiée par ses services, excita l'émulation de ses compatriotes, qui, dès lors, affluèrent en France comme en un pays de bénédiction, où ils trouvaient rapidement la gloire et la richesse. L'exemple de Charles V fut suivi par ses successeurs. Autour de Charles VII paraissent le connétable Arthur de Richemont, l'amiral Prigent de Coetivy, les maréchaux de Raiz, de Lohéac et de Rochefort, Jean de Montauban, Tanneguy du Châtel, Guillaume de Rosnivinen. Ce sont là les plus illustres : à côté d'eux il est une foule de gentilshommes obscurs, qui remplissent les cadres des compagnies d'ordonnance. Dans le rôle des 29 hommes d'armes qui forment en 1461 la compagnie de Guillaume de Rosnivinen, tous les noms sont bretons [1]. Les ordonnances de Louis XI, au moment où éclata la guerre du bien public, comprenaient 500 hommes d'armes d'origine bretonne, qui abandonnèrent le roi pour retourner au service du duc. La plupart de ces gentilshommes acquéraient en France des seigneuries qui les plaçaient sous l'autorité directe de la couronne. Il vint une époque où la noblesse bretonne se trouva presque entièrement française. Il y eut ainsi pour la province une conquête pacifique, qui précéda la conquête militaire. La Bretagne n'aurait pas succombé si facilement après la bataille de Saint-Aubin-du-Cormier, si les rois de France n'avaient longtemps d'avance préparé la réunion de la province à la couronne.

Il est un fait qui montre avec éclat la sympathie des Bretons à l'égard de la France, et le caractère du provincialisme dont ils étaient animés. Pendant le règne de

1. Arch. d'Ille-et-Vilaine, titres de Piré.

Charles V, la noblesse de Bretagne chassa Jean V, le Conquérant, parce qu'il s'obstinait à faire cause commune avec les Anglais. Elle le rappela quand Charles V essaya de réunir la Bretagne au domaine royal. Les Bretons voulaient servir la France sans renoncer à leur indépendance. Comme le disait en 1470, Péan Gaudin à Louis XI, ils prétendaient être à la foi bons Bretons et bons Français[1].

C'étaient là des sentiments fort respectables, mais qui ne pouvaient suffire aux légitimes exigences de la royauté, ni à la sécurité du royaume. Par sa situation, la Bretagne avait tous les avantages que la couronne assurait aux autres provinces du royaume : par ses privilèges, elle en évitait toutes les charges. Ainsi que l'établissait Louis XI dans une note adressée à François II, aucun ennemi étranger ne pouvait menacer la Bretagne, sans que la France intervînt pour la défendre, parce que l'établissement d'un maître étranger et hostile dans le duché aurait compromis la sécurité du reste de la monarchie[2]. La Bretagne cependant ne prenait les armes en faveur de la France, que lorsque son gouvernement croyait ses intérêts directement engagés dans la question. Le duché profitait ainsi du voisinage du royaume, sans concourir à la défense commune Il y avait là une inégalité de condition qui justifiait les efforts de nos rois pour assimiler la Bretagne aux autres provinces du royaume.

Aussi bien ces mêmes privilèges qui laissaient tant d'avantage au gouvernement breton finirent par le rendre embarrassant et redoutable. Les ducs de Bretagne étaient à la fois trop Français pour rester étranger aux affaires intérieures de la monarchie, et trop indépendants pour s'astreindre aux mêmes devoirs que les autres feudataires. Dès

1. Act. de Bret. iii, 207. — 2. Act. de Bret. iii, 35.

que Louis XI commença la guerre contre ses grands vassaux, François II, comme prince français, intervint en
leur faveur. Il fut l'allié de tous les mécontents, et fit
partie de toutes les coalitions féodales contre la royauté. En
même temps comme prince souverain, il appela le roi
d'Aragon et le roi d'Angleterre à son secours, sous prétexte de défendre l'indépendance de son pays. Les privilèges de la Bretagne devenaient ainsi une menace et un
danger pour la France. Il n'y avait qu'un moyen de conjurer le péril : c'était de réunir la province au domaine
royal. Ce résultat, préparé par Louis XI, Charles VIII et
Louis XII, se réalisa définitivement sous François Ier.

CHAPITRE II.

––––––––

Louis XI et François II après leur avénement

LEURS PREMIÈRES RELATIONS. — HOMMAGE DU DUC DE BRETAGNE ;
PÉLERINAGE DE REDON. — ARTHUR DE MONTAUBAN ET AMAURY
D'ACIGNÉ : AFFAIRE DE LA RÉGALE. — CONFÉRENCES DE TOURS
ET DE CHINON ; JEAN DE ROUVILLE ET LE BATARD DE RUBEMPRÉ.
— AMBASSADES DE LILLE ET DE DINAN ; ASSEMBLÉE DES
PRINCES. — LIGUE DU BIEN PUBLIC . FUITE DU DUC DE BERRY
EN BRETAGNE. — BATAILLE DE MONTLHÉRY, SIÉGE DE PARIS,
— TRAITÉS DE CONFLANS ET DE SAINT-MAUR.

1458-1465.

––––––––

La longue lutte qui doit amener la réunion de la Bretagne à la France commence presque aussitôt après l'avénement de Louis XI. Le duc de Bretagne François II
avait succédé le 26 décembre 1458 à son oncle Arthur III.
Louis XI devint roi le 22 juillet 1461. Avant de prendre
possession de leurs seigneuries respectives, les deux princes
s'étaient déjà rencontrés à la cour de Charles VII. François II, alors simple comte d'Étampes, avait promis au
dauphin Louis un dévouement absolu. Mais une fois duc
de Bretagne, il oublia ses promesses et refusa de soutenir
le prince contre son père [1].

Le premier soin de Louis XI en montant sur le trône
fut de disgracier les anciens serviteurs de Charles VII.

––––––––

1. Act. de Bret. III, 45.

Parmi eux se trouvaient plusieurs seigneurs bretons, tels
que le maréchal de Lohéac, Tanneguy du Châtel et Guil-
jaume de Rosnivinen, qui retournèrent fort mécontents
dans leur pays, où le duc les reçut à bras ouverts. François II recueillit encore dans la succession de Charles VII
deux autres personnages appelés à jouer un grand rôle
sous son règne. C'étaient la favorite Antoinette de Ma-
gnelais, dame de Villequier, et un aventurier gascon,
Odet d'Aydie. sire de Lescun, qui fut, dès lors, son principal conseiller, et l'organisateur de toutes les intrigues
contre Louis XI.

Après le départ du duc de Bourgogne, Philippe le Bon,
qui l'avait accompagné à Reims et à Paris, Louis XI se
rendit à Tours Il avait à recevoir l'hommage du duc de
Bretagne. François II envoya une grande ambassade pour
régler les détails de la cérémonie. Les ambassadeurs
bretons arrivèrent en même temps que le comte de Charolais, qui revenait d'un pélerinage à Saint-Claude.
Louis XI se souciait peu de favoriser une entrevue entre
François II et Charles-le-Téméraire Il se hâta d'éconduire
les ambassadeurs bretons en leur annonçant qu'il allait
envoyer lui-même une ambassade en Bretagne, et le comte
de Charolais, en lui accordant une pension de 36.000 livres
et le titre de lieutenant-général en Normandie. Il ne put
empêcher cependant le vice-chancelier de Bretagne, Jean
de Rouville, ae se concerter secrètement avec Charles-le-
Téméraire et de conclure avec lui une alliance intime
au nom de François II. Le duc de Bretagne et le comte
de Charolais échangèrent leurs scellés.

Les ambassadeurs envoyés par Louis XI en Bretagne
furent Dunois, l'amiral Jean de Montauban, et Jean de
Rostrénen, seigneur de Pont-l'Abbé. Le duc leur fit un
excellent accueil. Il accorda même à Jean de Montauban
une somme de deux sous par feu sur les deniers du pro-

chain fouage, pour le dédommager des dépenses qu'il
avait faites au service des derniers ducs, pendant la guerre
contre les Anglais [1]. François II se rendit à Tours avec
un brillant cortége. Il rendit hommage le 18 décembre
1461. Louis XI n'éleva aucune difficulté sur la nature
de l'hommage Le 4 janvier 1462 il conféra au duc le
titre de lieutenant-général pour les pays compris entre
la Seine et la Loire. Ses pouvoirs devaient durer huit
mois, pendant un voyage que le roi se proposait de faire
au midi de la France.

Avant de commencer son voyage, Louis XI se rendit
en pèlerinage à l'abbaye de Saint-Sauveur de Redon. Les
historiens bretons Alain Bouchard et Bertrand d'Argentré
prétendent que son but dans ce pèlerinage était d'examiner de près les ressources du duc de Bretagne. Mais
il n'avait pas besoin de se rendre à Redon pour les connaître : il lui suffisait de consulter son p incipal confi-
dent, l'amiral Jean de Montauban. Les savants bénédictins
dom Lobineau et dom Morice pensent qu'ils se proposait
d'enlever la duchesse douairière Françoise d'Amboise,
pour lui faire épouser le duc de Savoie. L'abbé Legrand
a réfuté cette supposition, en montrant que le duc de
Savoie avait encore sa femme Anne de Lusignan, et que
son fils, le prince de Piémont. était marié avec Yolande
de France, sœur de Louis XI. Il est probable que
Louis XI songeait déjà à profiter du désordre qui ré-
gnait dans l'abbaye sous la main sénile d'Yves le
Sénéchal [2], et qu'il voulait préparer l'avénement de sa
créature Arthur de Montauban.

Louis XI après son pèlerinage se rendit en Guyenne.
Il gagna la maison de Foix en mariant sa sœur Madeleine de France avec le vicomte de Castelbon. Il conclut

1. Arch. de la Loire-Inf. Reg. de la chancellerie, 1462. f° 5, v°.
— 2. Arch. de la Loire-Inf. Reg. de la chancellerie, 1462, f° 76, v°.

avec le roi d'Aragon, Jean II, un traité en vertu duquel
ce prince assurait la succession de Navarre à la comtesse
de Foix. Louis XI lui prêtait 200,000 écus, et lui promettait des secours contre les Catalans insurgés. Mais il
se faisait céder en gage le Roussillon et la Cerdagne. Au
retour de ce voyage, il reçut à Poitiers la malheureuse
reine d'Angleterre, Marguerite d'Anjou, dont le mari,
Henri VI, venait d'être détrôné par Edouard IV.
Louis XI lui prêta 25,000 écus, et lui promit des secours, à condition qu'Henri VI, s'il recouvrait sa couronne, lui rendrait Calais. Il engagea le duc de Bretagne
à soutenir énergiquement Marguerite d'Anjou Le gouvernement breton, après avoir hésité, se décida à prendre
parti contre Edouard IV. Louis XI permit a Marguerite
d'Anjou et à Pierre de Brézé de débarquer au nord de
l'Angleterre avec un petit corps de troupes. Les Anglais
irrités équipèrent une flotte de deux cents vaisseaux qui
parut sur les côtes de France. Ils débarquèrent en Bretagne, pillèrent le Conquet, saccagèrent l'île d'Ouessant
et les environs de Saint-Renan [1]. Le duc envoya des
troupes à Brest, et convoqua les milices de la Basse-Bretagne pour les repousser [2]. Les Anglais allèrent croiser
sur les côte de Guyenne et de Poitou.

Louis XI qui se trouvait alors en Normandie, voulut
traverser la Bretagne pour se rendre en Guyenne. Le duc
refusa de lui livrer passage sur son territoire, en alléguant
une épidémie. Le roi fut forcé de faire un détour par le
Maine et l'Anjou. Les Anglais, avertis de sa présence,
se retirèrent sans oser débarquer. Le roi eut à Bressuire
une entrevue avec Lescun, qui lui signifia nettement que
tant qu'il aurait à son service l'amiral de Montauban, il

1. Ach. de la Loire-Inf. Reg. de la Chancell. 1462. f° 102 et 103.
— 2. Arch. de la Loire-Inf. Reg. de la Chancell. 1462, f° 53, v°.

n'avait pas à compter sur l'amitié du duc de Bretagne [1].
La rupture fut dès lors complète entre le gouvernement
français et le gouvernement breton.

Cette rupture eut plusieurs causes Le duc de Bretagne
demandait vainement au roi la restitution du comté d'É-
tampes, qui avait été donné par Charles VII à son père,
Richard de Bretagne, et qui lui était disputé par Charles
de Bourgogne, comte de Nevers. Il aurait voulu détacher
la petite seigneurie de Neaufle-le-Châtel de la juridiction
de Meulan, pour la placer sous la dépendance de son tri-
bunal de Monfort-l'Amaury. C'était là une faveur insigni-
fiante, que le roi ne mettait aucun empressement à lui
accorder. François II avait d'autres griefs plus importants.
Les gens du roi empiétaient systématiquement sur ses
droits dans le petit territoire des Marches communes,
placé sur la frontière du Poitou [2], et dans la paroisse
bretonne de Gesté en Anjou. Le duc protestait contre
leurs usurpations, sans pouvoir les arrêter.

Il survint d'ailleurs à la même époque deux autres
questions plus graves, et qui achevèrent de démasquer
les tendances menaçantes de Louis XI. L'abbaye de
Redon devint vacante. Yves le Sénéchal, fatigué des
intrigues de ses neveux, qui se disputaient sa succession,
finit par abdiquer. Le roi obtint du pape Pie II un bref
qui conférait l'abbaye au dominicain Arthur de Montauban.
L'affaire était d'autant plus sérieuse que Louis XI élevait
des prétentions sur l'abbaye de Redon. Il soutenait
qu'elle était de fondation royale et relevait de la couronne. D'autre part, Arthur de Montauban était un ennemi déclaré de la maison de Montfort, un partisan
dévoué de la politique française. Ancien favori du duc
François Ier, il avait contribué à la mort du malheureux

1. Act. de Bret. III, 45. — 2. Arch. de la Loire-Inf. Reg. de la
chancell. 1462, f° 103, v°.

prince Gilles de Bretagne. Depuis il avait été banni par
Pierre II et Arthur III. Il était impossible au gouvernement breton de lui livrer l'abbaye de Redon. Le duc
défendit aux moines de Saint-Sauveur de recevoir ou
d'exécuter aucune lettre apostolique sans l'autorisation du
grand Conseil [1]. Il saisit le temporel, et confia l'administration provisoire à l'abbé de Saint-Mathieu [2]. Il refusa
non-seulement de reconnaître les droits d'Arthur de Montauban, mais même de le recevoir en Bretagne.

L'évêque de Nantes, Guillaume de Malestroit, se trouvait alors à Rome. C'était un prélat turbulent, qui avait
bravé l'autorité d'Arthur III. Il soutenait que son diocèse
relevait directement du Saint-Siége, et que, à supposer que
les droits du Saint-Siége fussent mal fondés, il ne pouvait
dépendre que de la couronne de France. La querelle
avait été suspendue plutôt que terminée. Guillaume de
Malestroit se démit de son titre en faveur de son neveu
Amaury d'Acigné, et devint archevêque de Thessalonique
in partibus infidelium. Amaury d'Acigné fut sacré et
préconisé à Rome. Il revint en Bretagne, et présenta ses
bulles à François II, qui l'autorisa verbalement à prendre
possession de son diocèse. Le prélat négligea les formalités
ordinaires de la chancellerie. Le gouvernement breton
eut le temps de se raviser. Les membres du conseil cal-
culèrent qu'Amaury d'Acigné était aussi turbulent que
Guillaume de Malestroit, qu'il avait un oncle et un frère
au service du roi de France, et qu'il serait fort imprudent
de lui confier un évêché comme celui de Nantes. Le duc
envoya à Rome une ambassade pour demander la révo-
cation d'Arthur de Montauban et la translation d'Amaury
d'Acigné dans un autre diocèse. Le duc déclarait qu'il
n'était pas sujet du roi de France, et qu'il appellerait les

---

1. Arch. de la Loire-Inf. Reg. de la chancell. 1462, fo 43, vo. —
2. Arch. de la Loire-Inf. Reg. de la chancell. 1462, fo 89, vo.

Anglais plutôt que livrer les bénéfices de Bretagne aux
créatures de Louis XI [1]. Une copie de cette dépêche
tomba au pouvoir de Louis XI, qui en fut vivement
irrité [2].

En même temps, François II défendit aux vassaux du
régaire de Nantes de reconnaître Amaury d'Acigné et de
lui obéir [3]. Il ordonna à Tanneguy du Châtel de saisir son
temporel [4] Les archers de la garde envahirent le palais
épiscopal et le manoir de la Touche, brisèrent les meubles
et saisirent les papiers. Amaury d'Acigné et ses grands
vicaires furent chassés. Ils se retirèrent à Angers L'évêque exilé mit son diocèse en interdit, et en appela au roi
pour les actes de violence qu'il avait eus à subir. L'archevêque de Tours, sur les instances du duc de Bretagne,
suspendit l'interdit Mais la question changeait de caractère. Le roi se trouvait saisi de la querelle. La chancellerie
française contestait l'autorité même du duc de Bretagne
sur les évêques de son pays. Il ne s'agissait plus seulement de l'évêque de Nantes, mais de toutes les régales du
duché, sur lesquelles la royauté élevait des prétentions.
Louis XI était d'ailleurs fort mécontent de la défiance
qu'affectait à son égard le duc de Bretagne.

En présence du péril, le gouvernement breton cherchait
des alliés. François II essaya de négocier avec le roi d'Angleterre [5]. Il adressa à tous les princes du royaume des
agents secrets pour leur exposer que leurs intérêts étaient
les mêmes que les siens, et que tous leurs droits étaient
également menacés Il était en relation permanente avec
le comte de Charolais. Ce prince détestait les Croy qui
dirigeaient alors les affaires de Philippe-le-Bon. Son principal conseiller était le comte de Saint-Pol, Louis de

1. Act. de Bret. III, 45. — 2. Legrand. — 3. Arch. de la Loire-
Inf. Reg. de la chancell. 1462, fo 95, ro. — 4. Arch. de la Loire-
Inf. Reg. de la chancell. 1462, fo 98, ro. — 5. Act. de Bret. III, 45.

Luxembourg; Saint-Pol avait un frère et une sœur en
Bretagne. Sa sœur était la duchesse douairière Catherine
de Luxembourg, veuve d'Arthur III. Son frère, Jacques
de Luxembourg, était capitaine de Rennes. Il avait pour
lieutenant Antoine de Lameth, qui faisait de fréquents
voyages aux Pays-Bas, et portait la correspondance échan-
gée entre Jacques et Louis de Luxembourg. Par l'entremise de ces différents personnages, François II et Charles-
le-Téméraire renouvelèrent leur alliance le 12 août 1463.
Le duc cependant cherchait encore à ménager Louis XI.
Il envoya une ambassade pour lui donner des explications
sur ses actes. Le roi se montra satisfait des explications
de François II. Il annonça le 8 septembre qu'il allait
nommer des commissaires chargés d'examiner les griefs
réciproques des deux gouvernements, et de régler tous
leurs différends.

Le duc de Bretagne accepta sans hésiter cette proposition. Le roi désigna des commissaires qui devaient se
réunir à Tours sous la présidence de Charles d'Anjou,
comte du Maine. Il leur adressa une note détaillée qui
contenait l'énumération de tous les torts qu'il reprochait
au duc de Bretagne. Il leur prescrivit d'examiner si le
duc avait droit aux régales de son duché, s'il avait droit
de battre monnaie, de s'intituler duc par la grâce de Dieu,
d'empêcher l'exécution des arrêts du Parlement sur son
territoire. Les commissaires devaient en outre demander
à quel titre le clergé breton refusait de se soumettre aux
décisions du clergé français. Enfin le roi réclamait un droit
de relief pour la succession des derniers ducs. Ses commissaires avaient plein pouvoir de régler toutes ces questions [1].

Louis XI informa officiellement le duc de Bretagne de
la nomination des commissaires. Charles d'Anjou de son

1. Act. de Bret. III, 44.

côté l'invita à envoyer ses représentants à Tours le 25
novembre, mais sans lui faire connaître l'étendue de ses
pouvoirs. François II envoya au comte du Maine une ambassade, dont les deux membres les plus importants étaient
le comte de Laval et le chancelier de Bretagne, Guillaume
Chauvin. Leurs pouvoirs étaient fort limités. Le gouvernement breton voulait circonscrire le débat. Il n'entendait
pas soutenir un procès. Il considérait les commissaires
comme des arbitres, et non comme des juges. Aussitôt
après l'ouverture des conférences, le procureur du roi Jean
Dauvet, étonné de la manière dont le chancelier Chauvin
posait la question, invita les ambassadeurs bretons à pro-
duire le texte de leurs pouvoirs. Après les avoir examinés,
il représenta que les commissaires n'étaient pas des arbitres, mais des juges ; que le roi voulait régler une fois
pour toutes les droits et les devoirs du duc de Bretagne.
Sur sa requête, Charles d'Anjou invita les ambassadeurs
bretons à retourner auprès du duc et à se munir de pouvoirs plus étendus. Ils revinrent le 18 décembre, et reprirent la discussion. Le 4 janvier 1464, le comte du Maine
rendit une ordonnance qui accordait aux deux parties un
délai pour rechercher les titres dont elles avaient besoin
afin de prouver leurs allégations. Il les invita à reparaître
devant lui à Chinon le 8 septembre. Il prescrivit en outre
au duc de Bretagne de désavouer la dépêche dans laquelle
il avait nié l'autorité du roi sur son duché [1].

François II désavoua solennellement les propositions qui
avaient offensé le roi de France [2]. Il forma une commission chargée de rechercher dans toute la Bretagne les titres
qui prouvaient son droit sur les évêchés et les abbayes [3].
Sur les instances du Saint-Siége, il permit à Guillaume

1. Act. de Bret. III, 48. — 2. Arch. de la Loire-Inf. Reg. de la
chancell. 1464, fo 48, ro. — 3. Arch. de la Loire-Inf. Reg. de la
chancell. 1464, fo 44, vo.

4

de Malestroit et à Amaury d'Acigné de revenir en Bretagne, mais à condition qu'ils s'établiraient à Guérande, sans pouvoir entrer à Nantes [1].

La question de la régale se trouvait suspendue Mais rien n'était encore réglé. Il survint d'ailleurs bientôt entre les deux gouvernements de nouveaux sujets de plaintes mutuelles. Louis XI en 1463 avait conclu avec les Anglais une trêve d'un an, dans laquelle il prétendait avoir compris la Bretagne. Il en avait donné avis à François II [2]. Les Anglais cependant déclarèrent que la Bretagne était formellement exceptée de la trêve. Ils poursuivirent en mer les navires bretons. Le duc fut forcé d'équiper une escadre pour protéger son commerce [3]. Les marins bretons usèrent de représailles, et capturèrent plusieurs navires anglais, dont quelques uns étaient munis de saufs-conduits du roi de France. Louis XI se plaignit avec hauteur, et se fit livrer un corsaire de Saint-Malo, appelé Lebastard, qui s'était particulièrement signalé par ses prises [4].

Louis XI aurait voulu conclure avec le roi d'Angleterre soit une longue trêve, soit un traité de paix, qui lui permît de combattre à loisir ses grands feudataires. Comme le duc de Bourgogne jouissait d'un grand crédit auprès d'Édouard IV, le roi affectait de l'employer comme médiateur. Il négociait en outre secrètement avec Warwick. Philippe-le-Bon songeait à terminer sa carrière en dirigeant une croisade contre les Turcs. Le seul moyen d'organiser cette entreprise était d'assurer la paix en Occident. Il secondait donc avec ardeur les projets du roi de France. De leur côté, les grands feudataires comprenaient que le gouvernement anglais était leur plus solide appui. Les efforts du roi pour conclure une alliance avec Edouard IV leur causaient autant de colère que d'effroi.

1. Arch. de la Loire-Inf. Reg. de la chancell. 1464, fo 82, vo. —
2. Arch. de la Loire-Inf. Reg. de la chancell. 1464, fo 86, vo. —
3. Ibid. fo 96, ro. — 4. Act. de Bret. III, 35.

Le duc de Bretagne renouvela le 24 juin son alliance avec Charles-le Téméraire. Louis XI averti de ce traité, s'emporta en menaces contre le comte de Saint-Pol et Jacques de Luxembourg Il déclara que si Antoine de Lameth tombait en son pouvoir, il le ferait noyer [1]. François II essaya en outre d'entraver les négociations du roi en Angleterre. Il permit au bâtard Guillaume, fils naturel de Gilles de Bretagne, de passer au service d'Edouard IV. Enfin il envoya son vice-chancelier Rouville à Londres, avec mission de proposer son alliance au gouvernement anglais. Convaincu que Louis XI ferait les plus grands efforts pour l'arrêter, Rouville partit sous un déguisement. Les matelots de son navire jurèrent de le ramener sain et sauf en Bretagne [2]. Il remit à Edouard IV une lettre où François II parlait fort peu respectueusement de Louis XI, qu'il appelait le roi Louis. Il traitait au contraire Edouard IV de souverain seigneur. Il promettait d'abandonner Louis XI, et de soutenir les Anglais, s'ils débarquaient en France pour reconquérir la Guyenne ou la Normandie. Rouville parla avec emphase de la puissance de son maître, de ses relations avec tous les princes du royaume [3]. Il conclut le 12 août une trêve d'un an avec Edouard IV [4]. Ce fut le seul résultat de sa mission. Le gouvernement anglais, se voyant recherché à la fois par Louis XI et par les grands feudataires, évitait de s'engager. Un congrès devait s'ouvrir à Bruges pour traiter de la paix entre la France et l'Angleterre. Edouard IV ne daigna même pas envoyer ses plénipotentiaires. Pendant que Warwick avertissait Louis XI des propositions du duc de Bretagne, les ennemis du faiseur de roi firent connaître aux ambassadeurs bretons celles qu'Edouard IV avait reçues de Louis XI. Soit que les

1. Châtelain. — 2. Châtelain. — 3. Commines, éd. de Mlle Dupont, preuves, page 214. — 4. Act. de Bret. III, 73.

Anglais aient trompé Rouville, soit que le duc de Bretagne ait calomnié sans scrupule le roi de France, François II adressa à tous les princes du royaume une lettre
dans laquelle il dénonçait les entreprises du roi contre son
pays. Il déclarait que Louis XI avait offert de céder aux
anglais la Normandie ou la Guyenne, s'ils consentaient à
l'aider à soumettre la Bretagne [1].

En même temps, il écrivit au roi une lettre hautaine,
dans laquelle il lui signifiait que s'il persistait dans son
projet d'appeler les Anglais et de leur livrer une des provinces du royaume, tous les princes se ligueraient pour
empêcher un tel attentat. Louis XI montra cette lettre
à Philippe-le-Bon. Il chargea l'amiral de Montauban de
sonder ce prince, pour savoir s'il pouvait compter sur son
appui contre le duc de Bretagne. Philippe-le-Bon se
borna à de vagues protestations de dévouement [2]. Louis XI
écrivit aux autres princes, afin de réfuter les calomnies
du duc de Bretagne, dont il leur dévoila les intrigues, la
rébellion et les manœuvres en Angleterre. Les princes
répondirent que si le duc avait commis de tels forfaits,
il était coupable de lèse-majesté [3].

Louis XI était convaincu que Rouville en revenant
d'Angleterre devait passer aux Pays-Bas, pour se concerter avec le comte de Charolais, qui vivait alors retiré
en Hollande. Il tenta un coup de main afin de l'enlever.
Il confia cette entreprise au bâtard de Rubempré, personnage mal famé, qui semblait propre à mener rapidement
l'aventure. Le bâtard s'embarqua au Crotoy sur un petit
navire monté par quarante matelots. Rouville au lieu de
se rendre aux Pays-Bas, retourna directement en Bretagne
à la fin de septembre. Le bâtard, qui l'épiait toujours,
relâcha en Hollande au port de Hornmue, y laissa son

1. Act. de Bret. III, 70. — 2. Châtelain. — 3. Act. de Bret. III, 86.

équipage, et se rendit à Gorcum, où résidait le comte de
Charolais. Même dans le cas où Rouville se serait trouvé
dans le pays, il aurait fallu, pour le surprendre, de la
finesse et de la discrétion. Fier de son importance, le
bâtard se multiplia, en affectant des allures mystérieuses
qui attirèrent l'attention et éveillèrent la défiance. On crut
qu'il se proposait d'enlever le comte de Charolais. Charles-
le-Téméraire le fit arrêter. Les réponses embarrassées du
bâtard, la fuite précipitée de son équipage, augmentèrent
les soupçons. Olivier de la Marche, chargé d'aller avertir
Philippe-le-Bon, colporta la nouvelle à Bruges où se trouvaient réunis une foule de marchands de toutes les nations.
Elle causa un immense scandale. Philippe-le-Bon était
toujours à Hesdin, où le roi l'avait prié de l'attendre,
pour conférer encore avec lui. La plupart des serviteurs
du duc de Bourgogne étaient convaincus que le roi méditait
un coup de main sa personne. Le duc, au lieu de prolonger son séjour à Hesdin, se retira à Lille, ce qui
augmenta la défiance qu'inspirait Louis XI.

Le roi fut très-mécontent du départ de Philippe-le-Bon.
Il résolut de parler nettement, et d'exiger des explications
catégoriques de la part des deux ducs de Bretagne et de
Bourgogne. Le duc de Bretagne avait réuni les États de
son duché à Nantes au mois de mars. Il en avait obtenu
un fouage de 63 sous par feu [1], et une aide sur les
bonnes villes [2]. Il convoqua une seconde fois l'Assemblée
à Dinan pour le mois d'octobre [3]. Louis XI entreprit de
s'adresser lui-même aux États de Bretagne, de les soulever
contre le gouvernement de leur pays. Il leur envoya le
sire de Pont-l'Abbé avec une lettre datée d'Abbeville, le
le 29 septembre, et adressée aux prélats, barons et bonnes
villes. Il leur exposait les torts de François II, sa mau-

1. Arch. de la Loire-Inf. Reg. de la Chancell. 1464, f° 58, r°.—
2. Ibid. f° 102, r°. — 3. Ibid. f° 117, r°.

vaise volonté évidente dans l'affaire de la régale, ses offres de services au roi d'Angleterre. Connaissant la loyauté des États de Bretagne, le roi tenait à leur faire connaître les fautes de leur duc, parce qu'il les savait incapable de les approuver [1].

Le sire de Pont-l'Abbé présenta ensuite au duc lui-même une note où Louis XI énumérait ses griefs. Le roi est fort mécontent de la lettre que le duc a adressée aux princes du royaume, et dans laquelle il l'accuse de vouloir livrer une province aux Anglais. Il reproche au duc la mission de Rouville en Angleterre, la lettre du duc à Edouard IV. « Et outre ces choses, le duc souffroit dire aux gens de sa maison toutes mauvaises et détestables paroles, en déprisant le roi et sa couronne, ce que le roi avoit fait remonter à tous les princes de son sang, qui tous avoient jugé le duc coupable de lèse-majesté. » Le roi se plaint des armements opérés en Bretagne, de l'établissement du bâtard Guillaume en Angleterre. Il somme le duc : 1° de rompre toute alliance avec les Anglais ; 2° de renvoyer les détestables conseillers qui l'égarent [2].

Les États se réunirent dans la seconde moitié d'octobre. Le duc s'y rendit avec Tanneguy du Châtel. Il partit de Nantes le 14 octobre, laissant à Christophe de Coëtivy et à Geoffroy de Couvran le soin d'armer et de fortifier la ville [3]. Le vice-chancelier Rouville se présenta à l'Assemblée, et rendit compte de sa mission en Angleterre. Les États restèrent insensibles à la lettre de Louis XI et aux insinuations du sire de Pont-l'Abbé. Ils soutinrent le gouvernement, et votèrent un nouveau fouage de 73 s. 6 den. par feu, avec une aide de 11,202 livres sur les bonnes villes [4].

Le duc fit à la note de Louis XI une réponse hautaine

1. Act. de Bret. III, 77. — 2. Act. de Bret. III, 86. — 3. Arch. de la Loire-Inf. Reg. de la chancell. 1464, f° 147, r°.—4. Ibid. 172, r°.

qui fut portée par une ambassade spéciale. S'il a écrit aux princes, ce n'était pas pour charger le roi, mais pour le détourner des projets qu'on lui prête contre la Bretagne. S'il a envoyé Rouville en Angleterre, c'était pour savoir si la Bretagne était comprise dans la trève. Rouville a rendu compte de sa mission aux États, et n'a rien fait dont le roi puisse prendre ombrage. Si le roi avait eu soin de comprendre la Bretagne dans sa trève, le duc n'aurait pas eu besoin d'envoyer Rouville en Angleterre. Le bâtard Guillaume s'est établi en Angleterre sur la demande du roi Édouard ; il est d'ailleurs incapable de manquer à ses devoirs envers la France. Si le duc a armé sa noblesse c'est une mesure dont il n'a de compte à rendre à personne. Il n'a jamais entendu mal parler du roi autour de lui. Si les princes l'ont déclaré coupable de lèse-majesté, ils se sont trompés, les faits sur lesquels repose ce jugement n'existant pas. Le duc n'ayant pas conclu d'alliance avec les Anglais, ne peut rompre des liens qui n'existent pas. Il n'a pas de mauvais conseillers autour de lui. Quand le roi parle de sa bienveillance, il est démenti par les faits. Depuis son avénement au trône, il n'a pas laissé passer trois mois sans commettre quelque acte d'hostilité contre le duc et le duché de Bretagne [1].

Cette réponse laissait peu d'espoir de conciliation, et montrait que le gouvernement breton était peu disposé à reculer. Louis XI ne réussit pas mieux auprès du duc de Bourgogne. Il envoya à Lille au mois de novembre une ambassade qui comprenait Charles d'Artois, comte d'Eu, le chancelier Pierre de Morvillier et l'archevêque de Narbonne, Antoine du Bec-Crépin. Il reprochait à Philippe-le-Bon de ne l'avoir pas attendu à Hesdin, à Charles-le-Téméraire d'avoir conclu contre lui une alliance avec le duc de Bretagne. Il se plaignait des calomnies répandues

1. Act. de Bret. III, 86.

contre lui par Olivier de la Marche. Il demandait qu'on
remît en liberté le bâtard de Rubempré, et qu'on lui
livrât Olivier de la Marche. Le duc de Bourgogne refusa
nettement d'élargir le bâtard et de livrer au roi Olivier de
la Marche. Le comte de Charolais déclara à l'archevêque
de Narbonne qu'avant un an le roi se repentirait des paroles prononcées contre lui par ses ambassadeurs [1].

François II et Charles-le-Téméraire étaient étroitement
unis, et se préparaient à la guerre. Le duc de Bretagne
armait toutes ses places fortes [2]. Il ordonna les montres
générales de la noblesse et des francs archers pour le 8
décembre. Tous devaient s'y rendre en habillement de
guerre, et prêts à entrer en campagne [3]. La cavalerie
permanente du duché ne comprenait ordinairement que
200 lances garnies, soit 200 hommes d'armes et 400 archers.
Il la porta à 450 lances, comprenant chacune quatre cavaliers, à savoir un homme d'armes, deux archers et un
coutillier [4].

Avec de telles dispositions, il n'est pas étonnant que le
gouvernement breton n'ait pas pris au sérieux les conférences qui devaient s'ouvrir le 8 septembre à Chinon
pour régler l'affaire de la régale. Au dernier moment,
le duc changea brusquement ses premiers plénipotentiaires.
Il leur substitua Jean Loisel, Pierre Ferré et Michel de
Parthenay [5]. Il leur défendit expressément d'accepter
autre chose qu'une discussion amiable [6]. En arrivant à
Chinon ils présentèrent leurs lettres de créance. Charles
d'Anjou les renvoya en Bretagne pour demander à leur
gouvernement des pouvoirs plus complets. Il les invita
à revenir le 15 octobre, en les avertissant que s'ils n'ap-

---

1. Châtelain et Commines. — 2. Arch. de la Loire-Inf. Reg. de
la chancell. 1464, fo 158, ro. — 3. Ibid. fo 159, vo. — 4. Ibid,
fo 181, ro. — 5. Arch. de la Loire-Inf. Reg. de la chancell. 1464,
fo 126, vo. — 6. Arch. de la Loire-Inf. E. 60.

portaient pas des pouvoirs suffisants, il procéderait malgré
eux. Le 15 octobre, ils ne reparurent pas. Le comte du
Maine les attendit pendant dix jours. Sur la requête du
procureur du roi, il rendit contre eux une sentence par
défaut. Il adjugea provisoirement au roi les régales de
Bretagne, en attendant que les parties eussent présenté
leurs titres. Deux membres du Parlement de Paris furent
chargés d'aller notifier cette décision au duc de Bretagne [1].

Bien que la guerre parût inévitable, Louis XI espérait
encore un accommodement. Il voulut au moins éclairer
l'opinion publique et dissiper les fâcheuses impressions
que pouvaient avoir causées les calomnies de ses adversaires. Il réunit à Tours le 18 décembre une nombreuse
assemblée de princes et de seigneurs. Le premier président du Parlement de Toulouse, Jean Dauvet et le chancelier Pierre de Morvillier leur retracèrent, l'un l'histo-
rique des conférences de Tours et de Chinon, l'autre, les
attentats du duc de Bretagne contre la couronne. Le roi
prit ensuite la parole, et protesta qu'il n'avait nullement
l'intention de dépouiller François II, mais qu'il cherchait
uniquement à maintenir l'autorité royale. Les deux discours de Dauvet et de Morvillier produisirent un excellent
effet. La plupart des princes ignoraient la question. Ils
convinrent des torts du duc de Bretagne. Tous, par
l'organe du roi René, promirent de soutenir énergiquement Louis XI [2]. Mais tous n'étaient pas également sin-
cères. Le duc de Bourbon venait de passer quarante et
un jours aux Pays-Bas, et de se concerter avec Charles-
le-Téméraire [3].

Le roi n'en avait pas moins obtenu un véritable appui
moral. Il permit alors aux deux commissaires désignés
par Charles d'Anjou pour signifier la sentence de Chinon,

---

1. Act. de Bret. III, 80. — 2. Act. de Bret. III, 89. — 3. G.
Naudé, Extrait d'une ancienne chronique.

de se rendre en Bretagne. Le duc refusa de leur donner audience [1]. Le roi envoya d'autres commissaires notifier à Amaury d'Acigné une décision par laquelle la cour de Rome cassait toutes les bulles rendues en sa faveur [2]. Ils furent maltraités par le prélat, retenus plusieurs jours en prison par les gens du duc, et menacés par les habitants de Guérande. Quand ils paraissaient dans les rues on les montrait au doigt, en disant : « Voilà les Français ! maudit soit-il qui les épargnera : car s'ils s'en retournent et sont délivrés, ce sera le plus grand inconvénient qui ait passé de cent ans en Bretagne [3]. »

Une redoutable coalition féodale se préparait contre le roi. Elle acheva de s'organiser au mois de décembre. Plus de cinq cents seigneurs se liguèrent secrètement à Notre-Dame [4]. Louis XI espérant encore empêcher l'explosion, envoya Dunois négocier en Bretagne. Dunois se fit longtemps prier, alléguant qu'il souffrait de la goutte, qu'il doutait du succès. Il s'embarqua sur la Loire, emmena ses bagages, partit pour Nantes, et ne revint pas [5]. Il adhéra ouvertement à la ligue, envoya partout des émissaires, et fixa le programme de la révolte. Les confédérés devaient exiger pour le duc de Berry un grand apanage, de manière à affaiblir la royauté, forcer le roi de consulter pour tous ses actes les grands du royaume, et de rendre à tous ceux qu'il avait disgraciés leurs biens et leurs offices. Enfin, ils s'engageaient à ne poser les armes qu'après avoir réalisé leur programme [6]. Dunois attira facilement dans la ligue les comte d'Albret, d'Armagnac et de Nemours, Dammartin et Jean de Beuil. Le duc de Bourbon était prêt à la révolte ; le duc d'Alençon se retira

1. Arch. de la Loire-Inf. E. 60. — 2. Legrand. — 3. Act. de Bret. III, 82. — 4. Oliv. de la Marche. — 5. Basin. — 6. Basin et Pontus Heuterus.

en Bretagne [1]. Enfin, le comte de Charolais, voyant son père vieux et maladif, chassa les Croy, et se saisit du gouvernement Ainsi tous les grands feudataires étaient coalisés contre le roi René d'Anjou et le comte du Maine restaient seuls fidèles. Mais le duc de Lorraine et de Calabre, Jean d'Anjou, fils du roi René, adhéra à la coalition.

Le duc de Bretagne cependant feignit encore de négocier. Il envoya à Poitiers, où se trouvait Louis XI, Lescun et le chancelier Chauvin. Il demanda un sauf-conduit pour se rendre auprès du roi, et justifier sa conduite [2]. Les ambassadeurs bretons étaient on ne peut plus conciliants. Le roi, de son côté, ne demandait qu'à conjurer l'orage à force de concessions. Il accorda une pension à la dame de Villequier ; il combla Lescun de prévenances. Toutes les contestations de la couronne avec François II semblaient réglées à la satisfaction des deux parties. En réalité, ces négociations cachaient un piège. Les ambassadeurs bretons ne séjournaient à Poitiers que pour achever de séduire le duc de Berry, frère du roi. Quand tout fut réglé, Louis XI partit pour un pèlerinage à Notre-Dame-du-Pont, près de Limoges. Le duc de Berry resta à Poitiers sous prétexte de se distraire à la chasse. Les ambassadeurs bretons prirent, de leur côté, la route de leur pays. Monsieur les rejoignit en chemin, et se rendit avec eux en Bretagne [3]. Dunois se hâta de faire part de cet événement aux princes confédérés, qui convinrent de se réunir tous devant Paris et d'obliger le roi à réunir les États généraux [4].

Le duc de Berry, devenu chef nominal de la ligue, adresse au duc de Bourgogne un manifeste pour lui ex-

1. Legrand. — 2. Act. de Bret. m, 94. — 3. Al. Bouchard. — 4. Basin.

poser les causes de sa retraite en Bretagne, et lui demander
son appui [1]. Le roi, de son côté, avertit Philippe-le-Bon,
qu'il essaie vainement de décider à la neutralité [2]. Il
adresse à toutes les villes du royaume un manifeste pour
répondre aux princes confédérés [3]. Il charge le roi René
de négocier à Saint-Florent le-Vieil avec les ducs de Berry
et de Bretagne [4]. Tous ses efforts sont inutiles. Le duc de
Bourbon commence les hostilités en arrêtant les officiers
du roi, et en saisissant les caisses publiques. Le duc de
Nemours, les comtes d'Albret et d'Armagnac, lèvent des
troupes pour le rejoindre. Le duc de Bretagne mobilise
son armée, à laquelle s'unissent Dammartin et Jean de
Beuil, et tous les Bretons enrôlés dans les ordonnances
du roi. Charles le-Téméraire place les troupes des deux
Bourgognes sous le maréchal de Bourgogne, auquel s'unit
le duc de Lorraine. Lui-même réunit les forces des Pays-
Bas. Quatre armées se forment ainsi contre Louis XI.

Le roi charge le comte de Nevers et le maréchal
Rouault de contenir Charles le-Téméraire, Charles d'Anjou
de contenir le duc de Bretagne. Lui-même avec une excellente armée se porte contre le duc de Bourbon, auquel
il impose la trève de Riom. Mais pendant ce temps,
Charles-le-Téméraire marche sur Paris, refoulant devant
lui le maréchal Rouault, qui se replie pour défendre la
ville. Après avoir séjourné quelque temps devant la ville,
le comte de Charolais passe la Seine, pour aller au-devant
du duc de Bretagne. François II avance de son côté, avec
une armée magnifique et bien organisée, qui compte au
moins 6,000 cavaliers excellents. « Et sembloit bien, à
voir la compagnie, que le duc de Bretagne fût un très-
grand seigneur : car cette compagnie vivoit sur ses
coffres. » [5] Les Bretons traversent l'Anjou, en proclamant

---

1. Monstrelet. — 2. Docum. inéd., Champoll. Fig., p. 15. —
3. Legrand. — 4. Docum. inéd. 30. — 5. Commines.

partout l'abolition des tailles et des maltôtes [1]. Le comte
du Maine trop faible pour résister aux Bretons, se dirige
vers Orléans, et opère sa jonction avec l'armée du roi,
qui revient à marches forcées pour sauver Paris.

Charles-le-Téméraire occupe Longjumeau et Montlhéry ; le duc de Bretagne se trouve à Châteaudun. Il
est impossible à Louis XI de rentrer dans Paris. Il consulte ses capitaines. Pierre de Brézé lui conseille d'aller
attaquer les Bretons, parmi lesquels se trouvent un grand
nombre d'officiers des ordonnances, qui n'oseront combattre le roi en personne. Louis XI, qui se défie avec
raison du sire de Brézé, rejette ce projet, qui aurait
permis aux Bourguignons d'aller rejoindre le duc de
Bretagne. Le 16 juillet, il marche à l'ennemi, dont
l'avant-garde occupe Montlhéry. Charles d'Anjou refuse
de combattre, et se retire avec l'aile gauche [2]. Louis XI
avec l'aile droite culbute la gauche des Bourguignons,
arrive à Corbeil, et ensuite à Paris.

Les Bourguignons, jusque-là fort inquiets, se rassurent
en apprenant la retraite du roi, et se regardent dès lors
comme vainqueurs. Ils accusaient depuis longtemps la
lenteur du duc de Bretagne. Rouville, qui suivait leur
armée, était muni de blancs-seings, au moyen desquels il
improvisait des dépêches où François II annonçait invaria-
blement sa prochaine arrivée. Les capitaines bourguignons
finirent par deviner sa ruse, et lui refusèrent dès lors toute
confiance. Le déchaînement contre lui était si violent, que
le matin même de la bataille, il jugea prudent de s'enfuir
avec le capitaine breton Mériadec, qui avait livré Pont-
Sainte-Maxence à Charles-le-Téméraire. Ils se retirèrent
au camp du duc de Bretagne. Rouville reparut le 17
juillet, vers dix heures du matin, avec deux archers de

1. Al. Bouchard. — 2. Jean de Haynin.

la garde de François II. Il fut reçu avec enthousiasme.
Les Bourguignons oublièrent leur colère pour s'abandonner à une légitime satisfaction. La jonction des deux
armées s'opéra le 19 juillet à Étampes.

L'armée bretonne aurait pu arriver beaucoup plus tôt [1].
Mais la ligue du bien public, comme toutes les coalitions,
contenait des germes de discorde. Chaque prince avait
ses intérêts particuliers auxquels il sacrifiait sans hésiter
l'intérêt de ses alliés. François II craignait d'assurer un
succès trop éclatant au comte de Charolais. Le 16 juillet,
pendant que les Bourguignons combattaient à Montlhéry
il était encore à Châteaudun. « Le tailleur du duc, qui
à lui grande familiarité avoit, essayant quelque accoutre-
ment, lui dit : Monseigneur, il n'a tenu qu'à vous que
Monseigneur le duc de Berry n'est aujourd'hui roi de
France. — Comment le sais tu ? dit le duc. — Monseigneur, il est tout certain que le roi va aujourd'hui combattre et assaillir l'armée de Bourgogne, et, si vous y
eussiez voulu être avec votre armée, le roi seroit défait à
jamais, et par ce moyen Monseigneur seroit roi. Le duc
moult déplaisant de cette parole, donna à sondit tailleur
un si très-grand soufflet à travers la joue, que le sang lui
sortit du nez, et fut depuis longtemps sans le vouloir
voir » [2].

Sur la route de Châteaudun à Étampes, les Bretons
prirent quelques fugitifs de l'armée royale. Ils auraient
dispersé l'aile gauche, s'ils avaient marché en avant. Les
prisonniers annonçaient que le roi était mort sur le champ
de bataille. Cette nouvelle causa une joie inouïe aux officiers de François II. La couronne passait ainsi au duc
de Berry, qu'ils espéraient diriger. Ils tinrent conseil.
Dunois proposa de marcher immédiatement contre l'armée

1. Basin. — 2. Al. Bouchard.

de Charles le Téméraire, « et étoient quasi tous d'opinion
que on les déconfit, qui pourroit. Cette joie ne leur dura
guères. »[1] Ils apprirent que le roi vivait encore, et continuèrent leur marche jusqu'à Étampes. Le 23 juillet,
François II et Charles-le-Téméraire conclurent un traité
en vertu duquel ils renouvelaient leurs anciennes alliances. Ils s'engageaient à se considérer mutuellement
comme bons frères et parfaits amis, à se secourir de tout
leur pouvoir, comme vrais frères d'armes[2].

Les deux armées restèrent à Étampes jusqu'au 31 juillet.
Le 1er août, elles se mirent en marche pour passer la
Seine à Moret. Les Bourguignons chassèrent à coups de
canon Salezart et Rouault, qui essayèrent de disputer le
passage. Les confédérés traversèrent le fleuve au moyen
d'un pont de bateaux. Ils furent rejoints par le duc de
Lorraine et le maréchal de Bourgogne Ils tinrent un conseil
de guerre, pour savoir ce qu'ils avaient à faire. Les
Bretons étaient d'avis d'attendre de nouveau renforts. La
majorité décida de se diriger sur Paris. Les confédérés
avaient près de 100,000 chevaux de valeur fort inégale.
Ils se mirent en marche en réunissant leurs avant-gardes
que commandaient Saint-Pol, à la tête des Bourguignons,
Lescun et Lohéac, à la tête des Bretons. Au centre étaient
les princes. Charles-le-Téméraire et le duc de Calabre
veillaient au maintien de l'ordre, et chevauchaient dans
toutes les directions. Ils étaient également belliqueux,
mais le duc de Calabre avait plus d'expérience. Le duc de
Berry et le duc de Bretagne formaient un autre tableau.
Ils cheminaient côte à côte, devisant paisiblement, montés
sur de petites haquénées, armés de légères brigandines.
« Encore disoient aucuns qu'il n'y avoit que petits clous
par-dessus le satin, afin de moins leur peser. »[3] Le 19

1. Commines. — 2. Act. de Bret. III, 104. — 3. Commines.

août, les confédérés enlevèrent le pont de Charenton. Le
comte de Charolais et le duc de Calabre s'établirent à
Charenton ; les ducs de Bretagne et de Berry se placèrent
à Saint-Maur, et envoyèrent leurs troupes occuper Saint-
Denis. Les rebelles du centre et du midi ne tardèrent pas
à venir rejoindre les confédérés, sans souci de la tréve de
Riom.

Les princes réstèrent onze semaines devant Paris. Beaucoup d'agitateurs et un grand nombre de bourgeois leur
étaient favorables. Les bourgeois auraient désiré la convocation des États généraux. La ville était d'ailleurs bien
défendue, et bien approvisionnée. Comme elle n'était pas
investie sur la rive gauche, elle recevait facilement des
vivres. Le roi alla en Normandie chercher des renforts.
En son absence, les princes essayèrent de gagner des partisans. Le retour du roi arrêta leurs manœuvres. Il fallait
cependant en finir. Louis XI ouvrit des conférences à la
Grange-aux-Merciers. Son intention était de dissoudre la
ligue avec des concessions partielles. Les princes réclamaient pour le duc de Berry un apanage exorbitant, soit
la Normandie, soit la Guyenne « selon son ancienne li-
mitation » Comme le roi repoussait un telle exigence, ils
demandèrent la Champagne avec la Brie. le Vermandois,
le Gâtinais et le Berry, et tous les profits de la souveraineté, tels que le produit des aides, des tailles et des gre-
niers à sel.

C'étaient là des conditions inacceptables. Malheureuse-
ment les princes comptaient sur la trahison. Le 21 septembre, Louis Sorbier, lieutenant du maréchal Rouault à
Pontoise, vendit la place aux Bretons. L'occupation de cette
ville ouvrait aux confédérés la porte de Normandie. Le
duc de Bourbon pénétra dans cette province où la veuve
de Pierre de Brézé lui livra Rouen [1]. Il occupa presque

1. Basin.

aussitôt la plupart des villes de Normandie. Il écrivit aux princes qu'il fallait profiter de leurs avantages et continuer la lutte [1].

Mais Louis XI en apprenant la perte de Rouen, comprit qu'il fallait céder pour éviter les plus grands désastres. Il se rendit auprès de Charles-le-Téméraire, et lui fit connaître sa résolution. Le 29 septembre, dans une dernière conférence tenue au palais des Tournelles, les princes avaient réclamé pour Monsieur la Normandie; pour le duc de Calabre, Pont-à-Mousson, Sainte-Ménehould, Neufchâteau, la solde de 1,500 lances, l'abandon des alliances conclues par le roi avec la ville de Metz et le roi de Naples; pour Charles-le-Téméraire les villes de la Somme; pour le duc de Bourbon, Donchery, plusieurs seigneuries en Auvergne, 300 lances, 100,000 écus; pour le duc de Nemours, le gouvernement de Paris et l'Ile-de-France; pour le duc de Bretagne, le comté d'Étampes et l'abandon des régales; pour Lohéac, 200 lances et la dignité de maréchal de France; pour Saint-Pol, l'épée de connétable; pour Jean de Beuil, la dignité d'amiral de France; pour Tanneguy du Châtel, celle de grand écuyer et 100 lances. Le roi rejeta les demandes de du Châtel et du sire de Beuil. Il refusa au duc de Calabre la solde de 1,500 lances [1]. Il accepta tous les autres points.

Le 11 octobre, il publia une patente en vertu de laquelle il renonçait aux régales de Bretagne, reconnaissait au duc le droit de battre monnaie d'or, plaçait Montfort-l'Amaury dans la dépendance immédiate du Parlement de Paris, et rendait le comté d'Étampes. Il accordait à Madame de Villequier, l'île d'Oléron, la seigneurie de Montmorillon, et une pension de 6,000 livres. Pendant tout le mois d'octobre, il y eut chaque jour

1. Legrand.

quelque nouveau traité avec les différents princes confédérés. Monsieur, comme duc de Normandie, réclamait l'hommage du duc d'Alençor et du comte d'Eu, qui, en leur qualité de pairs de France, relevaient directement de la couronne. La question fut renvoyée au jugement des pairs. Le traité, dit de Conflans, fut enregistré au Parlement le 29 octobre. En vertu du traité de Saint-Maur, Louis XI pardonnait à tous les seigneurs rebelles, rendait leurs biens confisqués, et promettait de former une Commission de trente-six membres, chargée de réformer les abus, et de pourvoir au bien public. Quand les commissaires de la couronne se présentèrent le 3 novembre devant le duc de Bretagne, pour l'inviter à jurer les traités, il fit venir deux notaires, et protesta que, pour son duché de Bretagne, il n'entendait pas se soumettre aux décisions des Trente-Six [1].

Le duc de Berry avait à rendre hommage pour son apanage. Il affecta de craindre pour sa personne, et refusa de se rendre à Paris. Le roi fut forcé d'aller recevoir son hommage à Vincennes [2]. Tous les traités étaient signés, quand arriva une ambassade écossaise, soudoyée par le duc de Bretagne. Les Écossais réclamaient la Saintonge, qui leur avait été promise autrefois par Charles VII, moyennant certains engagements qu'ils n'avaient pas tenus. Ils déclarèrent que leur souverain était décidé à soutenir le duc de Bretagne, parce que la duchesse était sa parente. Louis XI leur répondit qu'il ne pouvait croire qu'ils eussent reçu de leur gouvernement de telles instructions, et qu'il enverrait une ambassade en Écosse [3].

La coalition féodale était victorieuse Elle imposait à la couronne un traité désastreux, qui pouvait paralyser la

1. Act. de Bret. III, 112. — 2. Arch. de la Loire-Inf., E, 106. — 3. Legrand.

royauté. Louis XI conservait cependant sur ses adversaires un double avantage : la patience et l'unité d'action. Il ne tardera pas à diviser les princes, et à réparer ses échecs. Le duc de Bretagne avait eu dans la formation de la ligue un rôle prépondérant. Mais pendant la guerre il avait été effacé par Charles-le-Téméraire. Il en sera ainsi pendant trente ans. Le gouvernement breton sera toujours plus capable de former des coalitions féodales que de les diriger.

CHAPITRE III

Louis XI et François II après les Traités de Conflans et de Saint-Maur.

FRANÇOIS II EN NORMANDIE : SA RUPTURE AVEC CHARLES DE
VALOIS. TRAITÉ DE CAEN. — LOUIS XI RECOUVRE LA NORMAN-
DIE. — RETRAITE DE CHARLES DE VALOIS EN BRETAGNE : EFFORTS
DU ROI POUR LE RAMENER A LA COUR. — SECONDE COALITION
FÉODALE. INVASION BRETONNE EN NORMANDIE. — TRÈVE DE
RENNES : ÉTATS GÉNÉRAUX DE TOURS. — GUERRE EN NOR-
MANDIE ET EN BRETAGNE. — TRAITÉS D'ANCENIS ET DE PÉRONNE.

1465-1468

Après les traités de Conflans et de St Maur, Charles-
le-Téméraire retourna aux Pays-Bas, pour combattre les
Liégeois. Louis XI gagna entièrement à sa cause les
ducs de Bourbon et de Calabre. Le duc de Nemours,
les comtes d'Albret et d'Armagnac retournèrent dans
leur pays. Le roi n'avait plus à compter qu'avec le duc
de Bretagne et le nouveau duc de Normandie, Charles
de Valois.

François II résolut d'accompagner Monsieur dans son
apanage Il se proposait de le soumettre entièrement à son
influence, et de distribuer en Normandie les dignités et
les offices à ses créatures, à tous les anciens serviteurs
de Charles VII que Louis XI avait disgraciés, et que lui-
même avait pris à son service. Charles de Valois, par sa

légèreté et sa faiblesse, ne pouvait être qu'un instrument entre les mains des factieux. Mais c'était un instrument que le duc de Bretagne entendait se réserver, pour en disposer suivant ses intérêts. Tanneguy du Châtel, en essayant de le détourner de ce projet, s'attira une disgrâce, et retourna en Bretagne [1].

François II et Charles de Valois partirent de Pontoise le 31 octobre, et prirent la route de Rouen, sans se hâter. Aussitôt que les intentions du duc de Bretagne commencèrent à s'ébruiter, il se forma trois cabales contre lui. La première comprenait les familiers de Monsieur, les gentilshommes du Berry qui le suivaient en apparence par dévouement, en réalité pour se partager les offices d'une riche province. Leur avidité était si grande, que toutes les dignités du royaume de France n'auraient pas suffi pour les satisfaire [2]. La seconde comprenait les traîtres, qui avaient livré les places au duc de Bourbon, et qui n'entendaient pas céder aux créatures de François II le prix de leur trahison. La troisième, la seule respectable, était formée par les notables accourus à Rou... pour recevoir leur jeune seigneur et réformer l'administration. Ils s'indignaient à la pensée que la Normandie risquait d'être livrée comme une proie au duc de Bretagne. Les familiers de Monsieur lui conseillaient d'établir son indépendance, et de se soustraire à la tutelle de François II. Dammartin se rendit suspect en essayant de lui démontrer qu'il se perdrait, s'il rompait avec le duc de Bretagne. François II, étonné de l'attitude de Charles de Valois, retardait sa marche dans l'espoir de rétablir son influence. Les deux princes s'arrêtèrent d'abord à Vernon, et ensuite à Pont-de-l'Arche. Les notables impatientés envoyèrent au jeune duc une ambassade, pour le supplier de fixer

1. Bouchard. — 2. Basin.

son entrée à Rouen, et de ne disposer d'aucun office avant d'avoir reçu les vœux de ses sujets. Le prince leur annonça qu'il ferait son entrée le 25 novembre, pour la fête de Sainte-Catherine.

Il arriva enfin à Rouen, et s'établit au faubourg de Sainte-Catherine-du-Mont, dans une abbaye. Il reçut des notables une seconde députation qui remercia le duc de Bretagne de ses services, reconnut qu'il devait en être récompensé, mais que les Normands avaient bien le droit de se réserver une partie des offices de leur pays. François II fut blessé de ce langage. Le 25 novembre, il entreprit de retarder l'entrée du prince. Pour calmer l'impatience des Normands, les officiers annoncèrent « qu'il faisoit faire au duc de Normandie aucuns habillements pour entrer en pompe en la ville, et lui prioit d'attendre qu'ils fussent faits [1]. » Ce ridicule prétexte excita l'inquiétude des Normands. Ce bruit courut dans la ville que François II et Dammartin voulaient emmener le prince à Pont-de-l'Arche et le livrer à Louis XI. Charles de Valois lui-même conçut des soupçons, et priases partisans de le délivrer [2]. Jean de Lorraine souleva les bourgeois, et pénétra dans l'abbaye de Sainte-Catherine. Il déclara au duc de Normandie qu'il venait au nom de ses sujets l'inviter à entrer dans la ville. Il pria le duc de Bretagne de l'accompagner. François II affecta de croire qu'on voulait l'assassiner, et partit aussitôt pour Pont-de-l'Arche [3]. Charles de Valois prit un manteau de velours noir, monta sur une haquenée, sans aucune houssure, et entra à Rouen. Les bourgeois éclairaient sa marche avec des torches [4].

Dunois essaya de le réconcilier avec le duc de Bre-

1. Du Clercq.—2. Basin.— 3. Monstrelet. — 4. Chronique scandaleuse.

tagne. On ouvrit des conférences à Pont-Saint-Ouen. On pressa François II d'oublier son injure, d'entrer à Rouen ; on lui promit un accueil affectueux [1]. Il refusa avec hauteur, et se retira à Caen. Charles de Valois envoya Cardin des Issarts à Charles-le-Téméraire, avec une lettre flatteuse, dans laquelle il protestait de sa reconnaissance pour la maison de Bourgogne [2]. Il se croyait bien affermi, mais ses serviteurs les plus avisés commençaient à douter de sa fortune, et cherchaient à se rapprocher de Louis XI.

Après la retraite des princes, le roi était allé en pélerinage à Notre-Dame-de-Cléry, près d'Orléans. Il acheva de se réconcilier avec le duc de Bourbon. Averti des divisions qui éclataient à la cour de Monsieur il se rendit à Chartres, pour surveiller la Normandie. Quand il apprit que le duc de Bretagne s'était retiré à Caen, il lui envoya des présents. Lui-même alla bientôt le rejoindre, et occupa en chemin Séez, Argentan et Falaise. Le 19 décembre, François II signa un acte en vertu duquel il s'engageait à servir le roi. à ne secourir aucun de ses sujets rebelles [3] Le 22 fut conclu le traité de Caen, dans lequel François II renouvelait ses promesses du 19 décembre. Par un engagement verbal, Louis XI lui accordait un don de 120,000 écus d'or payables en deux ans [4]. Il exceptait de toute rémission six meneurs qui avaient soulevé les bourgeois de Rouen, le 25 novembre, et ne pouvait leur pardonner que sur l'autorisation formelle du duc de Bretagne [5].

La plupart des hommes d'armes qui avaient abandonné Louis XI l'année précédente, revinrent à son service et lui livrèrent les places qu'ils occupaient en Normandie. Le

---

1. Basin. — 2. Legrand. — 3. Lenglet, 70. — 4. Arch. de la Loire-Inf. Reg. de la Chancell. 1466, f° 17, v°. — 5. Ibid, f° 8, r°.

duc de Bourbon entra dans la province sous prétexte de
réconcilier Monsieur avec le duc de Bretagne. Il surprit
Evreux et Vernon, et occupa Pont-de-l'Arche par trahison. Charles de Melun avançait de son côté par la rive
droite de la Seine. Les troupes royales ne rencontraient
aucune résistance sur leur passage. Le duc de Normandie
chargea Brunet de Lonchant et l'évêque de Lisieux,
Thomas Basin, de se rendre aux Pays-Bas, pour implorer
les secours de Philippe-le-Bon et de Charles le-Téméraire.
Ses deux envoyés eurent beaucoup de peine à se rendre
auprès des princes bourguignons. Il les trouvèrent occupés à combattre les Liégois, et incapables de secourir
leur maître. Les deux princes se bornèrent à promettre
d'envoyer au roi une ambassade médiatrice.

Le roi offrit à son frère une trève de dix jours, une
amnistie pour tous les Normands qui l'avaient trahi pendant la guerre du bien public, à l'exception des six seigneurs coupables d'offense envers le duc de Bretagne;
enfin il proposa d'ouvrir à Honfleur des conférences, où
les ducs de Bourbon et de Bretagne seraient chargés de
régler l'apanage de Monsieur [1]. Charles de Valois se dé-
battait contre ces dures exigences. Mais il fut forcé de se
résigner. Le 10 janvier 1466, le roi chargea officiellement
les ducs de Bourbon et de Bretagne d'aller à Honfleur
traiter avec son frère, et fixer son apanage, mais en dé-
clarant qu'il ne lui accorderait en apanage ni la Normandie
ni la Guyenne [2]. Le 12 janvier, François II délivra au
prince un sauf-conduit pour se rendre à Honfleur, en lui
garantissant que pendant la trève, il ne serait rien entrepris contre Rouen, ni aucune des autres places que pos-
sédait encore Monsieur [3]. Malgré les promesses du duc
de Bretagne, Louis XI occupa Rouen le lendemain [4].

1. Doc. inéd , Ch. F. 119 et 120. — 2. Arch. de la Loire-Inf., E.
106. — 3. Ibid, Reg. de la Chancell. 1466, f° 2, r°. — 4. Legrand.

François II avait assouvi sa vengeance en aidant à ruiner Charles de Valois. Il songeait maintenant à ses intérêts. Or ses intérêts restaient les mêmes qu'au moment où il s'était engagé dans la guerre du bien public. Il s'agissait pour lui d'obtenir du roi pour Monsieur un grand apanage, qui retînt le prince dans sa dépendance, tout en le rendant capable d'entraver le gouvernement royal Il prenait donc son rôle d'arbitre au sérieux. Il se rendit à Honfleur, et y resta du 10 au 11 janvier [1] pour négocier. Louis XI devinait ses projets, et se souciait fort peu de les favoriser. Il ne voulait pas permettre à son frère de servir d'instrument aux mains des ennemis de la couronne. Le duc de Bretagne finit par se retirer à Caen, où Monsieur ne tarda pas à le suivre, après avoir essayé de se retirer aux Pays-Bas [2]. Le roi lui offrit à titre d'apanage provisoire le Roussillon, avec une pension de 60,000 écus. Charles de Valois rejeta cette proposition, et demanda le Berry, soit avec la Champagne et la Brie, soit avec le Poitou, la Saintonge et l'Aunis [3].

Le roi ne pouvait accepter de si folles propositions. Les pourparlers furent dès lors interrompus. Le 26 janvier, le duc de Bretagne invita tous les serviteurs du duc de Normandie à venir à Caen sous sa sauvegarde, attendre leurs lettres de rémission [4]. Il se retira ensuite en Bretagne, en saccageant la Normandie sur son passage [5]. Il se rendit à Nantes, et y convoqua les Etats, qui votèrent un fouage pour l'entretien de son armée [6]. Charles de Valois s'établit à Vannes avec ses serviteurs, et reçut du duc une pension pour l'entretien de son escorte.

La présence de Monsieur en Bretagne était un danger

1. Act. de Bret. III, 145. — 2. Legrand. — 3. Doc. inéd. Ch. F. 135. — 4. Arch. de la Loire-Inf., Reg. de la chancell. 1466, f° 8, v°. — 5. Basin, du Clercq, Monstrelet. — 6. Arch. de la Loire-Inf., Reg. de la chancell. 1466, f° 33, v°.

pour Louis XI. Elle pouvait amener une nouvelle ligue
féodale, analogue à la ligue du bien public. Au mois de
février, le roi envoya le cardinal Balue et l'amiral de
Montauban à Nantes. Il les chargeait de rappeler à François II ses engagements. Il offrait de nouveau à son frère
le Roussillon avec une pension de 60,000 écus. Si Monsieur refuse, le roi ne lui permet pas de séjourner en
Bretagne, et somme le duc de le chasser de son pays,
conformément au traité de Caën[1]. Monsieur rejeta les
propositions du roi. Quand François II feignit de déclarer
qu'il le chasserait de son pays Monsieur répondit que le
duc s'était engagé à régler son apanage, et que s'il prétendait lui interdire le séjour de son duché, il le somme-
rait de tenir ses engagements. Le duc fit connaître au roi
cette réponse. Louis XI réfuta sans peine les subterfuges
du gouvernement breton[2]. Au mois d'août, il fit un dernier effort pour ramener son frère à son devoir. Il envoya
le duc de Calabre à Nantes, avec pouvoir d'offrir à Monsieur toutes les garanties, s'il consentait à revenir à la
cour[3]. Si Monsieur refuse, le roi l'autorise à se retirer
soit en Lorraine, soit en Provence ; mais il ne lui permet
pas de rester en Bretagne. Charles de Valois repoussa les
propositions du roi en affectant une crainte injurieuse
pour la sûreté de sa personne[4]. Le roi adressa aux prélats,
aux princes, seigneurs et aux bonnes villes du royaume
une circulaire dans laquelle il rappelait les fautes de son
frère, faisait connaître ses efforts pour le regagner, et annonçait que du jour où Monsieur reviendrait à son devoir,
il promettait de le bien traiter[5].

En somme, Louis XI exigeait que Monsieur revînt à
la cour et rompît avec les factieux. Le duc de Bretagne
aimait mieux garder le prince autour de lui, que de le

---

1. Doc. inéd., Ch. F. 126 et 127. — 2. Act. de Bret. III, 132. —
3. Lenglet, 91. — 4. Act. de Bret., III, 128. — 5. Ibid, III, 99.

renvoyer en France. La mort de l'amiral de Montauban, le 1er mai 1466, ne changea rien aux dispositions de François II. Le duc prit à son service Poncet de Rivière et le sire d'Urfé, disgraciés par Louis XI. Le roi de son côté regagna Dunois, Lohéac et Dammartin. Pour ménager encore le duc, il lui fit payer un terme des 120,000 écus qu'il lui avait promis [1].

Cependant, le gouvernement français et le gouvernement breton s'observaient avec défiance. Le duc cherchait à organiser contre le roi une nouvelle ligue féodale pour le forcer de donner un grand apanage à son frère. Le 3 juillet, il fit signer à Charles de Valois une patente en vertu de laquelle ce prince l'autorisait à contracter des alliances avec les princes étrangers, et particulièrement avec le roi d'Angleterre, le roi le plus capable de le secourir [2]. Dès le mois de Février, François II conclut avec Edouard IV une trève marchande [3]. Le 30 avril, elle fut prolongée pour un an, et remplacée le 24 novembre 1467 par un traité de commerce conclu pour trente ans [4]. Le roi, inquiet des négociations du duc en Angleterre, lui adressa des plaintes. Le duc écrivit aussitôt à Louis XI et à Dunois. Dans sa lettre au roi, il protestait de sa fidélité ; dans sa lettre à Dunois, il priait ce seigneur de rassurer Louis XI [5]. Les protestations de François II prouvaient seulement qu'il n'était pas prêt à la guerre.

Dans toute lutte contre Louis XI, le duc de Bourgogne était pour le duc de Bretagne un allié indispensable. Philippe-le-Bon et Charles-le-Téméraire avaient envoyé au mois de février Humbercourt et Olivier de la Marche auprès de Charles de Valois. Le prince leur remit deux

1. Arch. de la Loire Inf. Reg. de la chancel' 1466, fo 17, ro. — 2. Arch. de la Loire-Inf. E. 122. — 3. Arc   la Loire-Inf Reg. de la chancell. 1466, fo 13, ro. — 4. Arch. de la Loire-Inf. E. 122. —5. Act. de Bret. III, 138.

lettres dans lesquelles il racontait ses malheurs, et con-
jurait les princes bourguignons d'assurer l'exécution du
traité de Conflans [1]. Louis XI avait de nombreux sujets
de plainte contre Charles-le-Téméraire, qui refusait de relâcher le sire de Sainte-Maure, coupable d'avoir suivi le
parti du roi en 1465. Le comte de Charolais entravait les
droits du Parlement de Paris sur la Flandre, et permettait
l'importation en Bourgogne du sel de Franche-Comté; il
prétendait en outre lever des tailles et convoquer l'arrière-
ban de Picardie. Au mois de juin, Louis XI conclut avec
l'Angleterre une trève de vingt-deux mois. La négociation
eut lieu sous les yeux de Charles-le-Téméraire. Celui-ci
cependant accepta sans hésiter une fable d'après laquelle
le roi, pour obtenir l'alliance des Anglais, aurait offert
de leur céder Rouen et le Ponthieu. Il écrivit au roi une
lettre insolente à cette occasion. Le roi adressa la lettre
aux Trente-Six réformateurs réunis à Étampes sous la
présidence de Dunois. Il leur soumit tous ses griefs contre
Charles-le-Téméraire. Les Trente-Six approuvèrent toutes
les exigences du roi, et chargèrent le sire de Craon de faire
connaître leur décision au comte de Charolais. Le comte
reçut le sire de Craon avec hauteur, et refusa d'abandonner aucune de ses prétentions [2].

Louis XI songeait à le combattre. Il chargea Balue et
Guillaume de Paris d'aller sonder le gouvernement breton.
En même temps, il fit compter au duc le dernier terme
des 120,000 écus [3]. François II écrivit à Dunois une
lettre vague pleine de belles protestations, mais dans laquelle il évitait de s'engager [4]. Il prit d'ailleurs des mesures significatives, qui prouvaient qu'il était décidé à
soutenir Charles-le-Téméraire. Il renouvela les anciennes

1. Doc. inéd. Ch. F. 125 et 126. — 2. Arch. de la Loire-Inf. E.
107. — 3. Arch. de la Loire-Inf. Reg. de la chancell. 1467, f° 12,
v°. — 4. Act. de Bret. III, 142.

ordonnances sur l'équipement de la noblesse [1]. Il ordonna
les montres générales pour le 15 février [2]. Il ordonna de
percevoir sans retard le fouage de 4 l. 9 s. voté par les
États, et d'en appliquer le produit à la solde des troupes
et la réparation des places fortes [3]. Il chargea Péan Gaudin
de visiter les places, de faire le recensement de l'artillerie,
et de veiller au recrutement des francs-archers [4]. Il autorisa Rouville et Ollivier du Breil à conclure en son
nom des alliances avec tous les princes capables de le
secourir [5]. Enfin, le 7 mai, il envoya sa gendarmerie tenir
garnison sur la frontière [6]. La guerre fut retardée par la
mort de Philippe-le-Bon, le 15 juin 1467, et les embarras
de Charles-le-Téméraire à son avénement.

Les ennemis de Louis XI profitèrent de ce répit pour
assurer leurs alliances et achever leurs préparatifs. Tous
les partis se disputaient l'alliance anglaise. A la cour
d'Édouard IV, Warwick soutenait Louis XI ; les Rivers,
parents de la reine, étaient favorables aux princes. Warwick au mois de juin eut à Rouen une entrevue avec
Louis XI. qui lui proposa de marier Monsieur avec Marguerite d'York, sœur d'Edouard IV. Warwick approuva
ce projet. Le roi envoya l'amiral Jean de Bourbon en Angleterre proposer ce mariage à Édouard IV. L'amiral fut
reçu avec une froideur injurieuse. Warwick se montra
blessé de cet accueil, et chercha à réparer de son mieux
l'outrage d'Édouard IV envers les ambassadeurs français.
Son crédit baissait à la Cour ; mais sa popularité était
immense. Il était assez puissant pour paralyser le gouvernement. Louis XI comprit qu'il n'avait rien à craindre
de l'Angleterre [7].

Les princes cherchaient à lui susciter des ennemis plus

1 Act. de Bret. iii, 139. — 2. Arch. de la Loire-Inf. Reg. de la
chancell. 1464, fo 1, vo. — 3. Ibid. fo 7, ro.— 4. Ibid, fo 9, ro. —
5. Ibid. fo 49, vo. — 6. Ibid, fo 67, vo. — 7. Legrand.

actifs. Le 25 mars, ils conclurent avec le roi de Danemark,
Christian Ier, un traité par lequel ce prince promettait de
fournir au duc de Bretagne 4,000 hommes, trois mois
après en avoir été requis [1]. Le duc de Savoie, Louis Ier,
était mort en 1466. Son fils, Amé IX, actif et ambitieux,
envoya Léonard de Gours négocier en Bretagne. Il demandait que François II et Charles de Valois lui garan-
tissent tout ce qu'il pourrait conquérir du territoire français à l'est de la Saône [2]. Le 3 novembre, François II
conclut deux traités d'alliance, l'un avec Amé IX, l'autre
avec le comte de Bresse [3] Le 1er octobre, le duc d'Alençon signa un traité en vertu duquel il autorisait les ducs
de Bretagne et de Normandie à occuper ses places fortes,
et promettait de ne conclure avec Louis XI ni paix, ni
trève séparée [4].

Avant de commencer la guerre, le gouvernement breton
avait des précautions à prendre à l'égard de Charles de
Valois, pour l'entretien duquel le duc avait dépensé 18,206
livres en quelques mois [5] Le 17 août, Monsieur conclut à
Nantes un traité en vertu duquel il promettait au duc de
Bretagne une amitié éternelle. Il s'engageait à défendre ses
droits, sujets et seigneuries présentes et à venir, acquises
ou à acquérir ; à lui aider à conquérir le Milanais si lui-
même devenait roi de France. Il se soumettait aux cen-
sures ecclésiastiques dans le cas où il manquerait à ses
promesses. Il jura le traité sur la vraie croix et les évan-
giles [6]. Le gouvernement breton se préparait ouvertement
à la guerre. Il obtint des États un fouage de 4 l. 14 s. 6 d.
par feu, et une aide de 7,357 l. sur les bonnes villes [7].

---

1. Arch. de la Loire-Inf. E. 123. — 2. Ibid, E. 125. — 3. Arch.
de la Loire-Inf. Reg. de la Chancell. 1467, f° 137, v°, et 138, v°. —
4. Arch. de la Loire-Inf. E. 178. — 5. Arch. de la Loire-Inf. Reg.
de la Chancell. f° 128, r°. — 6. Arch. de la Loire-Inf. E. 181. —
7. Arch. de la Loire-Inf. Reg. de la Chancell. 1467, f° 119, r°.

Le 10 octobre, le duc ordonna la mobilisation immédiate de l'arrière-ban et des francs archers [1].

Charles-le-Téméraire avait réuni à Louvain une armée pour combattre les Liégeois révoltés contre leur évêque Jean de Bourbon. Louis XI lui fit proposer par Balue, Ladriesche et Saint-Pol, d'abandonner les Liégeois, si le duc lui même abandonnait le duc de Bretagne Charles-le-Téméraire refusa absolument de sacrifier le duc de Bretagne. Il était d'ailleurs trop tard pour secourir les Liégeois.

Les Bretons commencèrent les hostilités de trois côtés à la fois. Au sud, 2,000 hommes envahirent le Poitou ; au centre, le 11 octobre, René d'Alençon comte du Perche, leur livra Alençon ; au nord, il se jetèrent sur la basse Normandie, et occupèrent toutes les places, excepté Saint-Lô. Le gouvernement breton prétendait reconquérir la Normandie pour Charles de Blois. Lescun reçut le commandement de toutes les troupes envoyées dans la province [2].

En recevant ces nouvelles, Louis XI chargea le maréchal de Lohéac d'aller défendre la Normandie. Il ordonna au roi René de mobiliser les forces de l'Anjou et des provinces voisines. Lui-même se rendit au Mans, et ordonna d'arrêter le duc d'Alençon Mais ce prince s'était retiré en Bretagne. Le roi réunissait autour de lui des forces considérables. On lui attribuait 20,000 fantassins et 100,000 chevaux [3]. François II effrayé chargea Rouville et Olivier du Breil d'aller demander des secours en Angleterre [4]. Il ordonna de fortifier Chantocé et Ancenis [5]. Le comte du Perche et les bourgeois d'Alençon, fatigués de la brutalité et des menaces de leur garnison, chassè-

---

1. Arch. de la Loire-Inf. Reg. de la chancell. 1467, fº 118, rº et 119 vº. — 2. Ibid fº 136, rº. — 3. Chron. Scandal. — 4. Arch. de la Loire-Inf. de u chancell. 1467, fº 152, rº.—5. Ibid. fº 142, rº,

rent les soldats bretons et livrèrent leur ville à Louis XI
le 2 janvier 1468 [1]. Cette nouvelle causa une vive irritation au duc de Bretagne et à Monsieur, qui accusèrent
aigrement le duc d'Alençon de complicité avec son fils [2].
Charles de Valois, en qualité de duc de Normandie, ré-
digea une ordonnance par laquelle il confisquait les fiefs
du duc d'Alençon et les adjugeait au duc de Bretagne [3].

Cependant Lohéac avait arrêté les Bretons en Normandie ; Louis de Belleville les avait chassés du Poitou ;
le roi avait au Mans des forces suffisantes pour envahir la
Bretagne. Mais Charles le-Téméraire avait écrasé les Liégeois, et concentrait des troupes à Saint-Quentin pour secourir François II. Louis XI voulait à tout prix éviter
de combattre les deux ducs à la fois. Dès la fin de décembre, il ouvrit des négociations avec le gouvernement breton.
Dammartin, que l'abbé Legrand et de Barante placent à
tort en Picardie à cette époque, se rendit à Rennes le 21
décembre [4]. Secondé par la médiation du légat du pape, il
conclut le 25 janvier une trève qui devait durer jusqu'au
1er mars [5]. Il resta à Rennes, « y besognant pour le bien
et utilité de la pacification des différends [6]. » Pendant la
trève, François II leva un emprunt forcé sur les officiers
de justice et le clergé [7], et assura la défense de ses fron-
tières [8]. L'arrivée d'une ambassade bourguignonne qui
apportait des conseils pacifiques [9] modéra son ardeur guer-
rière. La trève fut prolongée jusqu'au 1er juin. Le roi
promit de payer 16,000 livres pour l'entretien de son frère,
On convint de réunir le 8 avril à Cambrai un congrès pour
l'apanage de Monsieur [10].

Ni le roi, ni les princes ne prenaient ce congrès au sé-

1. Legrand. — 2. Al. Bouchard. — 3. Arch. de la Loire-Inf. E.
181.— 4. Arch. de la Loire-Inf. Reg. de la chancell. 1468, fo 5, vo.
— 5. Ibid. fo 9, vo. — 6. Ibid. fo 20, ro. — 7. Ibid. fo 19, vo. —
8. Ibid. fo 32, vo. — 9. Ibid. fo 40, ro. — 10. Ibid. fo 38, vo.

rieux. Leurs divers intérêts étaient inconciliables, parce
que les princes exigeaient pour Monsieur un grand apanage
que le roi ne pourrait ni ne voulait lui accorder Pendant
la trève, le duc de Bretagne demanda des secours en
Ecosse et en Angleterre. Malgré les efforts de Warwick
et de Concressault, ambassadeur de Louis XI, Edouard IV
promit de le secourir [1]. Le 3 avril, il conclut avec lui un
traité d'alliance formelle, et s'engage à lui fournir 3,000
archers [2]. Louis XI de son côté obtint l'alliance du duc
de Milan, qui promit d'attaquer au besoin le duc de Savoie. Il convoqua à Tours les Etats généraux, et leur fit
connaître les exigences de son frère. L'assemblée déclara
que la Normandie ne pouvait être donnée en apanage, que
les fils de France ne devaient pas avoir d'apanage donnant
plus de 12,000 livres de revenu ; le roi ayant promis
60,000 livres à Monsieur, il fallait tenir cette promesse,
mais sans que le fait pût servir de précédent pour l'avenir [3]. Les Etats envoyèrent une ambassade notifier leur
décision au duc de Bourgogne, qui reçut leurs envoyés
avec colère. Il consentit cependant à prolonger la trève
jusqu'au 15 juillet.

Le 2 juillet, Charles-le-Téméraire épousa à Bruges Marguerite d'York, sœur d'Edouard IV. Louis XI, qui se
trouvait alors à Compiègne, envoya une ambassade pour
le féliciter. Il profita de cette occasion pour obtenir une
nouvelle prolongation d'armistice, du 15 au 91 juillet. Le
duc de Bretagne était compris dans cette prolongation.
Mais le roi feignit de croire qu'il ne voulait pas l'accepter.
Il avait réuni des forces énormes en Normandie sous l'a-
miral de Bourbon, en Anjou sous Nicolas d'Anjou, marquis de Pont-à-Mousson. Il leur fit dire par Bourré du
Plessis de commencer les hostilités le 16 juillet, et de

1. Arch. de la Loire-Inf. E. 122. — 2. Act. de Bret. III, 169. —
3. Legrand, Lenglet, Chron. de St-Denis.

poursuivre énergiquement l'ennemi, jusqu'à ce qu'ils eussent acquis la certitude que le duc de Bretagne acceptait la trève. En ce cas, il fallait s'arrêter, mais sans abandonner le terrain conquis [1]. Charles-le-Téméraire envoya son héraut Toison d'or avertir François II de la prolongation d'armistice; Louis XI lui adjoignit Guyenne, qui renouvela à ses lieutenants les recommandations que leur avait apportées Bourré [2].

Les lieutenants du roi exécutèrent fidèlement leurs instructions Le bâtard de Bourbon reprit Bayeux, Vire et Coutances. Le marquis de Pont-à-Mousson prit Chantocé, assiégea Ancenis, et poussa ses ravages jusqu'à Nantes. Le duc de Bretagne concentra son armée à Châteaubriand et plaça des forces à Dinan pour résister au bâtard de Bourbon [3]. Il écrivit à Charles le Téméraire pour le presser d'entrer en campagne [4]. Il sollicita de nouveau les secours d'Edouard 1er, qui lui promit une intervention efficace [5]. . Il prescrivit aux paroisses de Bretagne de lui expédier un nouveau corps de 2,000 francs-archers [6]. Mais en attendant, il lui était impossible d'arrêter les progrès de l'ennemi. Il se décida à négocier. Le marquis de Pont-à-Mousson craignait d'être obligé de lever le siège d'Ancenis, si les ennemis venaient l'attaquer. Le 21 août, il conclut un armistice de douze jours. Le roi approuva sa conduite et envoya en Bretagne le duc de Calabre avec mission de négocier un traité de paix [7]. Le 10 septembre fut conclu le traité d'Ancenis. Le duc de Calabre et le chancelier Chauvin étaient chargés de régler dans le délai d'un an l'apanage de Monsieur. Le roi promettait, en attendant, à son frère, une pension de 60,000 écus. Si Monsieur refuse

1. Legrand. — 2. Act. de Bret. III, 182. — 3. Arch. de la Loire-Inf. Reg. de la chancell., 1468 fo 143, ro. — 4. Act. de Bret. III, 182. — 5. Arch. de la Loire-Inf. E. 122. — 6. Arch. de la Loire-Inf. Reg. de la Chancell. 1468, fo 133, vo. — 7. Legrand.

d'accepter ces conditions, le duc de Bretagne cessera de le soutenir. Les traités de Caen et de Conflans sont maintenus entre le roi et le duc. Le roi rend Ancenis et Chantocé et recouvre Caen et Avranches. Le roi et le duc échangeront entre eux les scellés de leurs princes, gens d'églises, nobles, universités, capitaines, qui seront garants du traité [1].

Charles le Téméraire, averti du traité d'Ancenis, s'emporta contre le duc de Bretagne. Louis XI, qui avait une magnifique armée à Compiègne, n'avait plus qu'à accabler le duc de Bourgogne. Trompé par les perfides conseils de Balue et du connétable, il aima mieux se rendre à Péronne, espérant séduire son ennemi et le détacher complètement de l'alliance bretonne. Charles le Téméraire, aussi perfide que brutal, profita de sa faute pour lui imposer le traité de Péronne. Louis XI promit de céder la Champagne à son frère. En 1468, comme en 1465, c'est le duc de Bretagne qui avait organisé la ligue féodale contre la couronne. C'est le duc de Bourgogne qui terminait la guerre et tranchait la question engagée entre la couronne et les grands feudataires.

---

1. Act. de Bret. III, 188.

CHAPITRE IV.

Louis XI et François II après le Traité de Péronne.

MALGRÉ LE CARDINAL BALUE, LOUIS XI ET FRANÇOIS II DÉCIDENT
CHARLES DE VALOIS A ACCEPTER LA GUYENNE, EN ÉCHANGE DE
LA CHAMPAGNE. — RÉCONCILIATION DU ROI AVEC SON FRÈRE ;
RÉVOLUTION D'ANGLETERRE , CONFÉRENCES D'ANGERS. — GUERRE
CONTRE CHARLES-LE-TÉMÉRAIRE ; TRÈVES D'AMIENS. — EFFORTS
DU GOUVERNEMENT BRETON POUR AMENER LE MARIAGE DU DUC
DE GUYENNE AVEC MARIE DE BOURGOGNE ; LIGUE FORMIDABLE
CONTRE LOUIS XI. — MORT DU DUC DE GUYENNE. TRÈVES DE
POITIERS ET DE SENLIS.

1468-1472.

Après le traité d'Ancenis, François II avait paru disposé
à tenir ses engagements. Il avait relégué Monsieur à Redon, en assurant l'approvisionnement de son escorte [1].
Charles de Valois eut un instant la pensée de retourner
auprès du roi auquel il demanda un sauf-conduit [2]. Mais
il reprit courage en apprenant le traité de Péronne. Le 9
novembre, il renouvela avec François II son traité du 17
août 1467 [3].

Louis XI ne voulait à aucun prix céder la Champagne
à son frère. Il craignait de le placer ainsi dans la dépen-

1. Arch. de la Loire-Inf. Reg. de la chancell. 1468, f° 456, r°
— 2. Act. de Bret. III, 195. — 3. Arch. de la Loire-Inf. E. 181.

dance du duc de Bourgogne, dont il aurait pu épouser la fille, comme il avait déjà songé à le faire en 1465 [1]. En cette circonstance, le duc de Bretagne était disposé à seconder le roi. Il tenait à maintenir Charles de Valois sous son influence exclusive, et ne demandait qu'à l'éloigner de Charles-le-Téméraire. Les familiers du prince n'étaient pas moins bien disposés que François II. Ils redoutaient les emportements du duc de Bourgogne. Lescun, qui dirigeait Monsieur et le duc de Bretagne, s'engagea secrètement au service de Louis XI [2], qui gagna de même Gilbert de Chabannes. Le roi offrit à son frère la Guyenne en échange de la Champagne. François II et les conseillers de Monsieur le pressèrent d'accepter.

Charles de Valois cependant résistait avec une ténacité qui ne lui était pas ordinaire, et qu'on ne pouvait s'expliquer. Louis XI finit par découvrir la cause de ce phénomène. Ses agents interceptèrent une dépêche où Balue avertissait le duc de Bourgogne, et l'engageait à veiller au maintien du traité de Péronne [3]. Louis XI fit arrêter le cardinal Balue, et son complice, l'évêque de Verdun, Haraucourt. Dès lors, les négociations ne rencontrèrent plus d'obstacle. Le roi envoya à Nantes Jean Dauvet et Adam Rolland, avec mission de hâter la conclusion. Il abandonna à son frère le duché de Guyenne, avec les sénéchaussées d'Agénois, Quercy, Périgord, Saintonge, le gouvernement de La Rochelle, le baillage d'Aunis, en se réservant seulement les droits royaux avec l'hommage des comtes de Foix, d'Albret et d'Armagnac [4]. Le traité signé, le roi livra des ôtages au duc de Bretagne pour la sûreté du prince. Le duc reçut en outre, à titre de dépôt, la renonciation de Monsieur à ses anciens apanages de Berry et

1. Act. de Bret. III, 125. — 2. Legrand. — 3. D. Plancher, hist. de Bourg. Pr. 207 et 208. — 4. Legrand.

de Normandie. François II devait rendre la renonciation et les ôtages, dès que Monsieur aurait reçu la Guyenne [1].

Avant de se séparer de Monsieur, le duc de Bretagne s'applique à lui imposer de nouveaux engagements, pour assurer sur lui son ascendant. Par un traité du 23 mars 1469, Charles de Valois promit de donner, dès qu'il pourrait le faire, les seigneuries de Thouars, Parthenay, Tiffauges et Montaigu au duc de Bretagne, après les avoir achetées à leurs possesseurs actuels. Il lui promettait en outre les capitaineries de Granville et du Mont-St-Michel, la solde de 400 lances garnies, et une pension de 100,000 livres. Il s'engageait, dans le cas ou il parviendrait à la couronne de France, à livrer à François II les fiefs du duc d'Alençon, et à ne prendre d'autres conseillers que ceux qui lui seraient désignés par le duc de Bretagne [2].

C'était le troisième traité souscrit par Monsieur en faveur de François II. Ces divers documents, dont aucun historien n'a jusqu'ici reconnu l'importance, montrent clairement quelle était la politique du gouvernement breton. Il est évident qu'en soutenant Charles de Valois, le duc espérait recueillir le fruit de ses sacrifices. Il prétendait rester maître de l'esprit du prince et l'employer à servir ses desseins. Monsieur finit par concevoir de la défiance. Au moment où il venait de conclure avec Louis XI le traité qui lui cédait la Guyenne, il fit demander à Edouard IV un sauf-conduit pour se rendre aux Pays-Bas. Lescun et Gilbert de Chabannes triomphèrent de son irrésolution, et le décidèrent à respecter le traité de Nantes [3]. Le 17 mai, il renouvela son alliance avec le duc de Bretagne et confirma tous les traités antérieurs [4]. Il partit de Redon au mois de juin pour se rendre en Guyenne, escorté par un détachement des archers de la garde de François II.

1. Arch. de la Loire-Inf. E. 106. — 2. Arch. de la Loire-Inf. E. 181. — 3. Legrand. — 4. Arch. de la Loire-Inf. E. 181.

Arrivé le 10 juin à la Rochelle, il renouvela et confirma encore tous ses engagements envers le duc de Bretagne. Il promit de défendre les intérêts du duc avec autant de soin que les siens mêmes [1]. Louis XI accorda une abolition générale à tous les serviteurs de Monsieur, et rendit tous les biens confisqués sur les sujets de François II. Il fit enregistrer au Parlement les lettres patentes relatives à la cession de la Guyenne. Le 17 juillet le duc de Bretagne rendit au roi ses ôtages et la renonciation de Monsieur à son ancien apanage [2].

Les concessions que Louis XI avait été forcé de subir pouvaient être fatales à la monarchie. Si les trois ducs de Guyenne, de Bretagne et de Bourgogne restaient unis, et confondaient leurs intérêts, ils étaient assez puissants pour paralyser complètement l'autorité royale. Il y avait cependant un moyen de conjurer le péril : c'était de regagner le duc de Guyenne et de le détacher de la coalition féodale. Comme le roi n'avait pas d'enfant mâle, Charles de Valois était héritier du trône. A ce titre, il y aurait eu de sa part une grande imprudence à faire cause commune avec les ennemis de la couronne, à ruiner d'avance un pouvoir qui devait un jour lui revenir. C'est ce que Louis XI essaya de lui faire comprendre. Le 17 août, à La Rochelle, il lui fit jurer sur la croix de Saint-Laud de ne jamais conspirer contre sa vie et sa liberté, de ne jamais songer à épouser Marie de Bourgogne, de ne jamais demander l'autorisation de contracter ce mariage. Louis XI voulut en outre avoir une entrevue avec lui. Les deux princes se rencontrèrent le 7 septembre au pont de Braud sur la Charente, et se réconcilièrent complètement. Le roi donna de nouvelles seigneuries au duc de Guyenne [3]. La nouvelle de cette heureuse réconciliation excita l'enthousiasme, et l'on fit des feux de joie dans les bonnes villes [4].

1. Arch. de la Loire-Inf. E. 181. — 2. Act. de Bret. III, 202. — 3. Legrand. — 4. Chron. de St-Denis.

Le duc de Guyenne accepta sans hésiter l'ordre de St-Michel, que le roi venait de fonder. Louis XI envoya une ambassade en Castille pour négocier son mariage soit avec l'infante Isabelle, soit avec Jeanne la Bertraneja [1]. Le roi de Castille reçut affectueusement les ambassadeurs français, et conclut avec eux un traité d'alliance, qui fut publié à Paris le 4 novembre [2].

Le rapprochement du roi et du duc de Guyenne inquiétait les grands feudataires. Le duc de Bourgogne au mois d'octobre envoya à Bordeaux une ambassade pour demander à Monsieur s'il était content de son apanage, et pour lui offrir le collier de la Toison d'or. Charles de Valois reçut froidement les ambassadeurs bourguignons, et refusa l'ordre de Charles-le-Téméraire [3]. Le 18 décembre, il se rendit à Montils-lez-Tours, auprès du roi, et y passa huit jours au milieu de fêtes permanentes [4]. Louis XI profita de ses bonnes dispositions pour envoyer une armée contre le comte d'Armagnac, qui fut chassé de ses fiefs.

A la même époque, il survint en Angleterre une révolution favorable à la politique française. Warwick souleva le pays contre les Rivers, et se saisit de la personne d'Édouard IV, qu'il retint prisonnier. Jamais Louis XI n'avait rencontré des circonstances plus favorables pour abaisser ses ennemis et châtier enfin les révoltes et la perfidie du duc de Bourgogne. Il s'agissait de savoir quelle serait l'attitude du duc de Bretagne. Le roi lui offrit le collier de Saint-Michel. François II trouva que les statuts de cet ordre pouvaient menacer son indépendance. Il refusa le collier que lui apportaient les ambassadeurs français [5].

Louis XI résolut de l'effrayer et de l'obliger au moins

1. Legrand. — 2. Chron. Scandal. — 3. G. Naudé : additions à l'hist. de Commines. — 4. Chron. de St-Denis. — 5. Act. de Bret. III, 206.

à rester neutre. Le 14 février 1470, il convoqua à Paris l'arrière-ban et les francs-archers, en alléguant la crainte d'une invasion anglaise [1]. Il expédia sur les marches de Bretagne des troupes et une nombreuse artillerie. La prétendue crainte d'une invasion anglaise ne trompait personne. Le roi n'avait rien à redouter de Warwick « son très espécial ami. » Les officiers français déclaraient hautement que tous ces préparatifs étaient dirigés non contre les Anglais, mais contre le duc de Bretagne [2]. D'après les historiens bretons Bouchard et d'Argentré, dont le récit a été reproduit par dom Lobineau et dom Morice, ce fut le duc de Guyenne qui arrêta Louis XI en le menaçant de secourir François II. Les savants bénédictins, ordinairement si exacts, ne citent aucune preuve à l'appui de cette assertion si contraire à l'attitude qu'avait alors Charles de Valois. Nous allons rétablir les faits en nous appuyant sur des documents plus sûrs que les souvenirs d'Alain Bouchard.

Les ambassadeurs bretons discutaient alors à Angers avec les plénipotentiaires français la formule des scellés qui devaient garantir le traité d'Ancenis. Les gens du roi proposèrent une formule qui changeait entièrement l'esprit du traité. Ils demandaient que le duc s'engageât à servir le roi envers et contre tous, en renonçant à toute autre alliance. Le chancelier Chauvin protesta contre une telle exigence. Les gens du roi déclarèrent que tout était prêt pour la guerre; que le roi se proposait d'abaisser le duc de Bourgogne, et qu'il tenait à savoir si le duc de Bretagne était décidé au moins à rester neutre; qu'il n'attaquerait pas Charles-le-Téméraire avant d'avoir pris des sûretés de ce côté [3]. François II inquiet avertit le duc de Bourgogne. Celui-ci fit aussitôt porter au roi par Créquy,

1. Chron. de St-Denis. — 2. Arch. de la Loire-Inf. E. 107. — 3. Arch. de la Loire-Inf., E. 107.

Carondelet et Meurin une note menaçante. Warwick venait
d'être forcé de relâcher Edouard IV. Louis XI craignit
une guerre générale et renonça à ses exigences. Le seul
résultat des conférences d'Angers fut de renouveler les
traités de Caen et d'Ancenis, et de fixer la formule des
scellés. Le 19 avril, le duc de Bretagne et le duc de
Bourgogne renouvelèrent le traité d'Etampes [1].

Les conseillers du duc de Bretagne étaient alors profondément divisés. Les uns, tels que le chancelier Chauvin et
le vice-chancelier Guy du Boschet, engageaient le duc
à faire alliance avec Louis XI, pour s'assurer le repos.
Le grand trésorier Pierre Landois et Guillaume Guéguen,
archidiacre de Penthièvre, le pressaient au contraire de
continuer la lutte pour assurer son indépendance.[2] Louis XI
attirait une partie des seigneurs à son service, et ruinait
insensiblement l'autorité du duc. En 1468, il regagna
Tanneguy du Chatel, qui se retira en France, et devint
gouverneur du Roussillon. Du Chatel laissait en Bretagne
sa belle-mère, Gillette de Derval, qui était fort riche.
Le duc la força de céder ses biens à son autre gendre,
Jean de Rieux. Elle se retira en France, protesta contre
la violence qu'elle avait subie, et cita le duc devant le
parlement de Paris [3]. L'exemple de Tanneguy du Chatel
entraîna un de ses amis, Jean de Saint-Pol, seigneur de
Kermarquer, qui alla chercher fortune auprès du roi en
1568. Ne trouvant aucun office à sa convenance, il retourna en Bretagne. Mais son fils, âgé de dix-sept ans,

1. Lenglet, 149. Pour tout cet épisode, notre récit diffère com-
plétement de celui des Bénédictins. Nous suivons les données
précises des pièces de la Layette, E. 107 des arch. de la L.-Inf.
— 2. Bouchard, d'Argentré et de Carné : Pierre Landais et la
nationalité bretonne, *Rev. des Deux-Mondes*, nov. et. déc. 1860. —
3. Arch. de la Loire-Inf., E. 184.

s'échappa de la maison paternelle, et s'enrôla dans les ordonnances [1].

La France exerçait une attraction irrésistible sur quiconque avait de l'ambition ou le goût de la vie d'aventures Louis XI récompensait avec magnificence les grands seigneurs qui avaient de l'influence ou du talent, Yvon du Fou, Arthur de Montauban, Lohéac, et son frère, le sire de Chatillon, du Chatel, les Tiercent, les Coëtivy. Sa plus précieuse conquête fut celle du vicomte de Rohan, beau-frère de François II, et le plus grand seigneur après le duc. Mécontent de la défiance que lui témoignait François II, Jean de Rohan se rendit auprès du roi, qui lui assigna une pension. [2] Sa fuite excita la colère du gouvernement breton. Péan Gaudin, grand maître de l'artillerie, devint suspect, et perdit son office, pour avoir demandé au vicomte une entrevue pendant un voyage qu'il fit en Touraine. [3]

Ainsi Louis XI retournait contre les grands vassaux les armes qu'ils avaient employées contre lui. Il séduisait leurs feudataires et débauchait leurs serviteurs. Encouragé par le succès, il ne cachait même plus son hostilité. Le comte de Warwick, chassé d'Angleterre, se réfugia en Normandie, et déchaîna ses corsaires contre la marine bretonne et flamande. Charles-le-Téméraire exaspéré saisit les biens des marchands français qui s'étaient rendus à la foire d'Anvers. Il se plaignit aigrement de la connivence au roi avec Warwick. François II de son côté réclama contre les pirates normands qui secondaient les Anglais. Louis XI répondit que les réclamations du gouvernement breton étaient exagérées. Lui-même éleva des plaintes contre les pirates bretons. [4] Les deux ducs de Bretagne

1. Arch. de la Loire-Inf., E. 190. — 2. Act. de Bret. III, 207. — 3. Act. de Bret. III, 209. — 4. Lenglet, 154.

et de Bourgogne équipèrent une flotte pour surveiller
Warwick. Louis XI réconcilia le faiseur de rois avec
Marguerite d'Anjou et la Rose rouge. Warwick alla dé-
barquer en Angleterre, renversa Edouard IV et rétablit
Henri VI. Le nouveau gouvernement fit alliance avec
Louis XI.

Jamais la situation du roi n'avait paru plus brillante.
La révolution qui venait de s'opérer en Angleterre devait
décourager ses ennemis. Le duc de Guyenne montrait la
plus grande docilité. Louis XI venait de conclure son mariage avec Jeanne La Bertraneja. [1] Monsieur témoigna une
grande joie à cette nouvelle, et célébra un tournoi à Li-
bourne. Le roi songeait a attaquer ouvertement Charles-
le-Téméraire. Mais toujours prudent, il voulait isoler son
ennemi. Le 3 novembre, il convoqua à Tours une assemblée de notables, devant laquelle il rappela tous les actes
de félonie commis par le duc de Bourgogne. L'assemblée
déclara que le duc avait violé tous les traités, que le roi
de son côté était délié de ses engagements, et trop autorisé à lui faire la guerre. Les notables ajoutèrent que le
roi René, les ducs de Guyenne et de Bretagne, qui avaient
garanti le traité de Péronne, n'avaient plus à songer à ce
traité rompu par Charles-le-Téméraire lui-même, et que
leur devoir était de s'unir au roi contre le duc de Bourgogne. [2]

Le roi publia le 3 décembre une ordonnance qui cassait tous les traités conclus par le roi René et les ducs de
Bretagne et de Guyenne avec Charles-le-Téméraire. [3] Le
même jour, il envoya en Bretagne l'évêque de Langres,
le sire Crussol, Pierre-Doriole et Jean Le Boulanger exposer à François II ses griefs contre le duc de Bourgogne.
Il leur recommanda de s'adresser d'abord à Lescun, dont

1. Legrand. — 2. Act. de Bret. III, 213. — 3. Act. de Bret.
III, 218.

l'influence était prépondérante. Le gouvernement breton
était alors bien disposé en faveur du roi. Les marchands
bretons avaient été indemnisés des pertes que leur avait
causées Warwick. Le duc de Guyenne, le duc de Bourbon et le roi René avaient aidé à aplanir les différends. [1]
Louis XI écrivait gaiement à Bourré : « Nous avons les
scellés de Bretagne, et sommes de tout point amis, M. de
Lescun et moi, et par ainsi, sommes sûrs de ce côté. [2] »
La concorde semblait si bien rétablie qu'à en croire la
chronique scandaleuse, François II renvoya à Charles-le-
Téméraire les scellés de son alliance. En réalité, il se
contenta de lui envoyer une ambassade chargée de lui faire
connaître les griefs du roi. Louis XI fut fort satisfait de
cette ambassade, et en remercia le duc. Les ambassadeurs français invitèrent François II à soutenir le roi
contre le duc de Bourgogne.[3]

Leur demande fut favorablement accueillie. Charles le
Téméraire, se voyant menacé, somma le duc de Bretagne
de le secourir, conformément au traité d'Etampes. [4] Il ne
reçut pas de réponse. François II permit à Lescun de rejoindre le roi avec 200 lances. Le duc de Guyenne accompagna Louis XI avec 500 lances. Le connétable de Saint-Pol
prétendait avoir des intelligences aux Pays-Bas, et promettait de soulever plusieurs villes importantes. [5] Louis XI
fit citer Charles le-Téméraire devant le Parlement de
Paris. [6] Le duc de Bourgogne cependant ne croyait pas
encore à la guerre. Le duc de Bourbon l'avertit qu'avant
peu il serait attaqué. [7]

En effet, le 10 décembre, le connétable surprit Saint-
Quentin. L'armée royale envahit à la fois la Bourgogne et
la Picardie. Charles-le-Téméraire qui n'avait pas d'armée

1. Chron. de St-Denis. — 2. Legeay, hist. de Louis XI, ch. XV.
— 3. Act. de Bret. III, 213. — 4. Legrand. — 5. Commines. —
6. Châtelain, Expos. sur vérité mal prise. — 7. Commines.

permanente, se hâta de mobiliser sa noblesse.   Mais, en
attendant, il était isolé et pris au dépourvu. Le prince
d'Orange et le bâtard Baudoin de Bourgogne le crurent
perdu, et l'abandonnèrent avec plusieurs seigneurs. [1] Les
troupes du roi occupèrent sans résistance Amiens, Roye
et Montdidier. Charles-le-Téméraire rassemblait péniblement ses soldats à Arras.

Malgré leur finesse, Louis XI et Charles-le-Téméraire
étaient victimes d'une des intrigues les plus hardies que
présente l'histoire. Louis XI était trahi par ses alliés, dont
le zèle cachait un piége. Depuis la naissance du Dauphin,
le 30 juin 1470, le duc de Guyenne n'était plus l'héritier
du trône. Il redevint dès lors factieux, et prêta l'oreille
aux perfides conseils du connétable. Celui-ci lui déclara
que, s'il épousait l'infante de Castille, le roi lui enlèverait
la Guyenne, comme il avait fait la Normandie ; qu'il
ferait mieux d'épouser Marie de Bourgogne [2]. Le gouvernement breton approuva ce projet, qui offrait l'avantage de
rompre l'accord de Louis XI avec son frère, et d'opposer
au roi un ennemi formidable en réunissant un jour la
Guyenne aux possessions de la maison de Bourgogne.

Le principal obstacle à la réalisation de ce plan venait
de Charles-le-Téméraire, qui promettait sa fille à tout
le monde et ne voulait la donner à personne. Il s'agissait
de lui forcer la main. Les trois princes conjurés s'unirent
dans ce but. Le duc de Guyenne lui adressa secrètement
un message affectueux et rassurant. Le connétable et le
duc de Bretagne cherchaient au contraire à l'inquiéter en
lui faisant porter des paroles « de grand épouvantement [3]. »
Ils lui donnaient à entendre que sa seule ressource était
de marier sa fille avec le duc de Guyenne. Charles-le-
Téméraire se raidit contre le péril. Le roi de son côté ne

---

1. Chron. scand. — 2. Lenglet, 268. — 3. Commines.

voyait surgir aucune des révoltes sur lesquelles il avait
fondé son espoir. Il s'inquiétait des évènements d'Angleterre, où Edouard IV venait de retourner. Le 4 avril 1471,
il conclut avec le duc de Bourgogne la trève d'Amiens,
qui fut prolongée jusqu'au 1er mai 1472. Il apprit bientôt
la chute définitive de la Rose rouge en Angleterre.

La trève d'Amiens causa aux princes une déception.
Cependant ils ne renoncèrent pas à leur projet. Ce qu'ils
n'avaient pu obtenir en essayant d'alarmer le duc de Bourgogne, ils crurent pouvoir le réaliser en flattant ses passions. Il regrettait amèrement la perte d'Amiens et de
Saint-Quentin, et semblait disposé à tous les sacrifices
pour recouvrer ces deux places. Le connétable et le duc
de Bretagne résolurent d'exploiter ses regrets, et de lui
proposer, pour prix du mariage de sa fille avec Monsieur,
une grande coalition féodale qui arracherait au roi ses
conquêtes. Le connétable se lança hardiment dans cette
nouvelle intrigue, mais en s'attribuant une importance
qu'il n'avait pas Le gouvernement breton avait plus de
crédit auprès de Charles-le-Téméraire. Aussitôt après la
trève, François II envoya au duc de Bourgogne le chancelier Chauvin et l'abbé de Bégar pour lui proposer la
nouvelle combinaison, qui consistait à gagner le duc de
Guyenne en lui promettant la main de Marie de Bourgogne. La réponse de Charles-le-Téméraire fut des plus
encourageantes. Il fit connaître aux ambassadeurs bretons
ce qu'il désirait du duc de Guyenne, qu'il engageait à se
retirer dans son apanage [1].

Guillaume Chauvin et l'abbé de Bégar revinrent en
passant par Orléans. Ils communiquèrent au duc de
Guyenne les instructions de Charles-le-Téméraire. Le
prince en témoigna une grande joie, promit d'aider à la

1. Arch. de la Loire-Inf., E. 100.

restitution d'Amiens et de Saint Quentir, et retourna en
Guyenne, en invitant Lescun à le suivre [1]. Lescun se trouvait alors en Bretagne. Le roi le manda auprès de lui.
Mais il ne répondit pas, et se rendit en Guyenne [2] Charles
de Valois envoya à Rome l'évêque de Montauban, avec
mission d'obtenir les dispenses nécessaires pour son mariage avec Marie de Bourgogne [3]. Il négocia avec le duc
de Savoie et avec les comtes de Foix, de Nemours et
d'Armagnac, pour obtenir leur alliance Le duc de Bretagne ayant perdu sa femme, Lescun lui fit épouser Marguerite de Foix, fille du comte Gaston Phœbus. Celui-ci
promit à sa fille une dot de 100,000 écus, qui furent
garantis par le duc de Guyenne [4]. Comme Jean d'Armagnac avait épousé une autre fille du comte de Foix, les
princes songeaient à lui rendre ses fiefs. Le roi était menacé par trois ennemis formidables, les ducs de Guyenne,
de Bretagne et de Bourgogne, appuyés sur de solides
alliances.

François II se hâta d'informer Charles-le-Téméraire de
tout ce qui se préparait. Le 16 juillet, il lui fit porter
par Poncet de Rivière des instructions détaillées sur les
projets du duc de Guyenne. Il invitait le duc de Bourgogne à recevoir dans l'alliance commune le connétable
et le comte de Foix, à exiger du roi le rétablissement du
comte d'Armagnac. Il le priait de lui envoyer des plénipotentiaires pour conclure le mariage du duc de Guyenne [5].
Charles de Valois de son côté envoya au duc de Bretagne
un blanc-seing, acceptant ainsi d'avance toutes les conditions qu'on voudrait lui imposer [6]. Malgré cette ardeur
matrimoniale, il n'oubliait pas ses plaisirs. Il était entièrement dominé par sa maîtresse, Colette de Jambes, dame

---

1. Arch. de la Loire-Inf., E. 100. — 2. Legrand. — 3. Lenglet.
— 4. Act. de Bret. III, 223. — 5. Arch. de la Loire-Inf., E. 100.
— 6. Lenglet.

de Montsoreau, dont l'influence rivalisait avec celle de Lescun [1].

François II avait repris ses anciennes relations avec Edouard IV. Un hasard imprévu lui avait livré le dernier représentant de la Rose rouge, Henri Tudor, qu'une tempête avait forcé de se réfugier en Bretagne. C'était un gage au moyen duquel le duc pouvait effrayer le roi d'Angleterre et en obtenir des secours. Charles-le-Téméraire encourageait tous les ennemis de Louis XI, et promettait sa fille au duc de Guyenne, sans vouloir la lui donner. Lescun, qui devinait ses projets, songea à marier le prince avec une fille du comte de Foix. C'était un mariage moins dangereux que celui de Marie de Bourgogne, mais redoutable encore pour le roi, à cause du développement qu'il pouvait assurer à l'apanage exorbitant de Charles de Valois.

Pour Louis XI, il fallait avant tout empêcher le mariage de son frère avec Marie de Bourgogne. Il envoya à Bordeaux Imbert de Bastarnay, sire du Bouchage, avec mission d'avertir Monsieur que le roi connaissait toutes ses manœuvres. Le roi ne comprend pas que le duc de Guyenne ne s'aperçoive pas que Charles-le-Téméraire ne cherche qu'à le tromper. Il somme le prince de disgracier les intrigants qui abusent de sa faiblesse. Le sire du Bouchage venait de partir, quand Louis XI fut informé des projets de Lescun relativement à la maison de Foix. Il écrivit aussitôt à du Bouchage d'empêcher également ce mariage [2]. Sur ces entrefaites, un nouvel épisode augmenta son inquiétude. Olivier Leroux, qu'il envoyait en Castille s'arrêta à Mont-de-Marsan, où se trouvaient alors le duc de Guyenne et le comte de Foix. Il eut avec le comte de Foix une entrevue, où le comte se plaignit

1. Legrand. — 2. Legrand.

aigrement du roi. Il apprit par Henri Milet, ambassadeur
du duc de Bretagne, quelques uns des secrets de la ligue,
et en informa Louis XI [1].

Le roi cherchait tantôt à regagner le comte de Foix,
tantôt à séduire le duc de Guyenne, en lui offrant la main
de sa fille Anne de Valois, avec une augmentation d'apanage [2]. Il essaya même de désarmer Charles-le-Téméraire, qui repoussa ses avances [3]. Il promit au pape
d'abolir définitivement la Pragmatique Sanction, s'il s'engageait à ne jamais accorder les dispenses nécessaires
pour le mariage de Monsieur avec Marie de Bourgogne [4].
Tous ses ennemis le bravaient et se préparaient à la guerre.
Charles de Valois rappela le comte d'Armagnac, et le
remit en possession de ses fiefs [5]. Le duc de Bretagne
ordonna les montres générales de sa noblesse pour le 15
octobre, et renouvela les anciennes ordonnances relatives
à l'armement des gentilshommes [6]. Il pressa le pape de
déposer Amaury d'Acigné [7]. Enfin, comme les Anglais
mêmes ne voyaient qu'avec défiance le mariage de Monsieur avec Marie de Bourgogne [8], les princes confédérés
se tournèrent du côté du roi d'Aragon Jean II. Le 1er
novembre, son ambassadeur Jean de Lucena conclut à
Saint-Omer un traité d'alliance avec les ducs de Bretagne
et de Bourgogne. Jean II s'engageait à envahir la France
avec 10,000 hommes, équipés à ses frais, si l'un des
deux ducs ses alliés avait besoin d'une diversion contre
le roi [9].

Louis XI ainsi menacé envoya une armée contre le
comte d'Armagnac. Il déchaîna contre le duc de Bretagne
une guerre de chicane. Le vicomte de Rohan somma le
duc de lui renvoyer sa femme et de lui payer le dot qui

1. Legrand. — 2. Lenglet, 171. — 3 Legrand. — 4. Legrand.
— 5. D. Vaissette, l. 35. — 6. Act. de Bret. III, 226. — 7. Act.
de Bret. III, 293. — 8. Commines. — 9. Arch. de la L.-Inf. E. 124.

lui avait été promise [1]. Tanneguy du Châtel et sa femme
Jeanne de Malestroit sommèrent François II de leur rendre leur fille Gillonne, détenue contre leur volonté chez
leur beau-frère Jean de Rieux, de lever le séquestre mis
sur leurs biens, et de leur restituer leur part de l'héritage
du maréchal de Malestroit [2]. Le duc les invita les uns
et les autres à s'adresser aux tribunaux de Bretagne. Le
vicomte de Rohan, mécontent de cette réponse, pria la
cour de Rome d'intervenir en sa faveur. Le Saint-Siége
invita François II à lui renvoyer sa femme [3]. En même
temps, le vicomte et Tanneguy du Châtel citèrent le duc
devant le Parlement de Paris pour obtenir, l'un le paie-
ment de la dot promise à sa femme, l'autre la restitution
de ses biens [4].

Les princes confédérés bravaient ouvertement le roi,
dont ils espéraient ruiner la puissance. La cour de Guyenne
était un foyer d'intrigues. Le duc croyait devenir bientôt
le prince le plus puissant de la chrétienté. Ses favoris
raillaient et calomniaient Louis XI. Madame de Montsoreau, malade depuis longtemps, mourut le 14 décembre
1471. Ses partisans accusèrent Lescun de l'avoir empoi-
sonnée. Charles de Valois, dont la santé n'avait jamais été
bien solide, était de son côté atteint de fièvres intermit-
tentes. Mais son ambition ne diminuait en rien. Louis
XI en février 1472 lui proposa de nouveau la main de sa
fille. Le prince rejeta cette proposition avec hauteur [5]. Le
roi alors expédia des troupes à la frontière de Guyenne,
et suspendit la pension de son frère. Il envoya Concressault négocier une alliance avec le roi d'Ecosse, auquel il
offrit une partie de la Bretagne [6]. Le gouvernement breton
armait activement et promettait des secours au duc de

1. Act. de Bret. iii, 231. — 2. Arch. de la L.-Inf. E. 184. —
3. — Act. de Bret. iii, 240. — 4. Arch. de la L.-Inf. E. 184. —
5. Lenglet, 172. — 6. Act. de Bret. iii, 242.

Guyenne [1]. Averti des préparatifs militaires de François II,
le roi lui fit porter à Redon le 11 avril un avis menaçant
par son héraut Normandie. Louis XI s'étonnait des armements du duc, et lui demandait des explications. Le duc
répondit avec hauteur qu'il armait pour soutenir ses alliés ; que les Bretons étaient maltraités en France, et que
le roi avait proposé une partie de son pays aux Écossais.
Il était décidé à se défendre [2].

Charles de Valois et François II pressaient également
Charles-le-Téméraire de se prononcer et de contracter des
engagements formels à leur égard. Le 19 février, Monsieur lui envoya son argentier, le marchand Ythier et son
amiral Guillaume de Soupplainville. Il rappelait au duc
qu'il avait rejeté la proposition du roi, que son territoire
était envahi, et qu'il comptait sur l'appui du duc de
Bourgogne. Il prescrivait à ses ambassadeurs de presser
la conclusion de son mariage, et de rassurer le duc sur
l'état de sa santé. [3] Les envoyés arrivèrent le 18 mars en
Bretagne, où François II les retint un mois, parce qu'il
tenait à donner à Charles-le-Téméraire des renseignements
précis sur la santé de Monsieur. Le 17 avril, il les laissa
partir, en leur adjoignant le sire d'Urfé et Poncet de
Rivière, chargés de les appuyer. [4]

Pendant ce temps, le roi négociait aussi avec Charles-
le-Téméraire dans le vague espoir de le détacher de la
coalition. Il offrait de lui rendre Amiens et Saint-Quentin,
et de marier le dauphin avec Marie de Bourgogne, à condition que Charles-le-Téméraire abandonnerait les ducs
de Guyenne et de Bretagne. Les deux princes finirent
par conclure un traité sur ces bases, avec la ferme intention de le violer. Louis XI avait accumulé des troupes

1. Act. de Bret. ɪɪɪ, 239. — 2. Arch. de la Loire-Inf. E. 100. —
3. Langlet, 171, 172, 173. — 4. Act. de Bret. ɪɪɪ, 240.

sur la frontière de Guyenne, pour occuper le pays aussitôt après la mort de son frère. Les serviteurs de Monsieur l'avaient averti que les forces de leur maître étaient
épuisées. Il avait une autre armée sur la frontière de
Bretagne. Le traité conclu, Charles-le-Téméraire chargea
Simon de Quingey d'aller demander la ratification du roi.
La ratification obtenue, Quingey devait se rendre en Bretagne, et annoncer au duc que Charles-le-Téméraire,
aussitôt qu'il aurait occupé Amiens et Saint-Quentin,
continuerait la guerre pour le soutenir. Ce plan fut dé-
joué par Louis XI, qui retint Quingey à Tours, et refusa
de ratifier le traité, quand il apprit la mort de Charles
de Valois. [1] Le duc de Bourgogne montra une violente
colère, et accusa Louis XI d'avoir fait empoisonner son
frère.

Charles de Valois était mort le 28 mai. Les troupes du
roi occupèrent la Guyenne sans résistance. Lescun se retira en Bretagne emmenant avec lui Jourdain Favre,
abbé de Saint Jean d'Angély et Henri de la Roche, qu'il
accusait d'avoir empoisonné le duc à l'instigation du roi.
Ces deux hommes furent enfermés au Bouffay, où ils
restèrent longtemps sans que le gouvernement breton fît
instruire leur procès. [2]

La mort du duc de Guyenne et la soumission de son
apanage affaiblissaient la coalition féodale sans la détruire.
Elle était encore très-redoutable. Le comte d'Armagnac
résistait à Lectoure, où il était assiégé par les sénéchaux
de Beaucaire et de Toulouse ; Charles-le-Téméraire avait
réuni à Arras une armée imposante, avec laquelle il
commença les hostilités en saccageant Nesle. Le duc de
Bretagne avait concentré ses troupes à la Guerche, et attendait 3.000 auxiliaires anglais. [3] Pour assurer la solde
de son armée, il ordonna à Pierre Landois de saisir les

1. Commines. — 2. Al. Bouchard. — 3. Commines, éd. Dupont, preuve 32.

recettes de la ville de Rennes. [1] Les Etats avaient voté
un fouage de 63 sous par feu. Cette somme ayant été rapidement dévorée, le duc, sans avoir le temps de consulter l'assemblée, établit un second fouage de 10 liv. 8 s.
par feu, et un impôt sur les vins. [2] Le roi aurait voulu
conclure avec le gouvernement breton un traité séparé ;
le duc repoussa ses ouvertures. L'armée du roi commença les hostilités, et prit Chantoé et Machecoul. Louis XI
lui-même était établi à Pouencé, et dirigeait les opérations militaires. [3]

Les ducs de Bretagne et de Bourgogne s'étaient donné
rendez-vous à Rouen. Mais ce projet devenait très-difficile
à réaliser. Les lieutenants du roi avaient enfin pris Lectoure ; les forces qui s'accumulaient pour combattre François II étaient capables d'arrêter l'armée bretonne. Le duc
conclut un traité avec Edouard IV. Au moment de le ratifier, il s'effraya d'une clause qui autorisait les Anglais à
débarquer où ils voudraient en Bretagne, et à traverser
librement le pays. [4] Sur les conseils de Lescun, qui avait
toujours été hostile aux Anglais, il chargea Soupplainville
et des Essarts de négocier avec Louis XI, dont l'armée
venait de prendre Ancenis. Le gouvernement breton conclut d'abord une trève du 15 octobre au 30 novembre.
L'armée du roi évacuait la Bretagne en laissant garnison
à Ancenis. [5] Le duc de Bourgogne était libre d'adhérer à la
trève.

Les négociations continuèrent pendant l'armistice. Louis
XI n'était pas sans inquiétude, parce que le comte d'Armagnac était rentré à Lectoure par trahison ; Charles-le-
Téméraire, après avoir échoué au siège de Beauvais, sac-
cageait le pays de Caux. Le roi aurait voulu conclure un

1. Arch. de Rennes, 1. — 2. Arch. de la Loire-Inf. Reg. de la
Chancell. 1472, f° 4, r°. — 3. Legrand. — 4. Act. de Bret. III,
246. — 5. Lenglet, 194.

traité séparé avec le duc de Bretagne. Le seul moyen de
réussir était de gagner Lescun. Il essaya vainement de le
faire enlever par un coup de main. [1] Lescun, qui se tenait
sur ses gardes, exigea l'éloignement de son ennemi du
Chatel,[2] et ne consentit à une entrevue avec le roi, que si
ce prince jurait sur la croix de Saint-Laud de respecter sa
vie et sa liberté. [3] Louis XI accepta ces conditions, parce
qu'il tenait à désarmer les Bretons. Lescun se rendit à
Poitiers, et conclut au nom de François II une trève d'un
an, du 23 novembre 1472 au 24 novembre 1473. Les alliés des deux princes y étaient compris, à condition de
faire connaître leur adhésion dans un délai de trois mois.
Le roi gardait Ancenis pendant la trève.[4]

Lescun conclut ensuite avec le roi son traité particulier. Il obtint pour le duc de Bretagne 40.000 francs de
pension ; pour lui-même 6.000 francs de pension, l'ami-
rauté de Guyenne, les sénéchaussées des Lannes et du
Bordelais, les capitaineries de Blaye, Saint-Sever, des châteaux de Bayonne, 24.000 écus d'or, le comté de Com-
minges. Ses deux créatures, des Essarts et Soupplainville, ne furent pas oubliées. Le duc de Bretagne renonça
officiellement à l'alliance du duc de Bourgogne. [5] Mais
Charles-le-Téméraire ne prit pas cette renonciation au
sérieux. Quand ses ambassadeurs conclurent la trève de
Senlis, qui devait durer du 3 novembre au 1er avril 1473,
ils inscrivirent François II parmi les alliés de leur maître.
« Ils tenoient le duc de Bretagne pour prince manié
par autre sens que le sien, mais qu'il se revenoit toujours
par la fin à ce qui lui étoit plus nécessaire. [6] »

---

1. Arch. nat. J. J. 220, f° 137, v°. — 2. Act. de Bret. III, 249.—
3. Act. de Bret. III, 250. — 4. Lenglet, 198. — 5. Chron. de
St-Denis. — 6. Commines.

CHAPITRE V

Louis XI et François II après la Trève de Poitiers.

LA QUESTION DU ROUSSILLON : EFFORTS DE LOUIS XI POUR CON-
CLURE UNE LONGUE TRÈVE AVEC CHARLES-LE-TÉMÉRAIRE ;
MÉDIATION DU DUC DE BRETAGNE. — ALLIANCE DE FRANÇOIS II
ET DE CHARLES-LE-TÉMÉRAIRE AVEC LE ROI D'ARAGON. LOUIS XI
CEPENDANT RESTE MAITRE DU ROUSSILLON. — L'INVASION
ANGLAISE : NEUTRALITÉ ÉQUIVOQUE DU DUC DE BRETAGNE.
TRAITÉS DE PÉQUIGNY, DE SOLEURE ET DE SENLIS — RELATIONS
DU DUC DE BRETAGNE AVEC L'ANGLETERRE : MAURICE GOURMEL.
MORT DE CHARLES-LE-TÉMÉRAIRE ; TRAITÉ D'ARRAS. — FRAN-
ÇOIS II REFUSE DE RESPECTER LE TRAITÉ ; LOUIS XI ACHÈTE
LES DROITS DE LA MAISON DE BLOIS HOSTILITÉ ENTRE LE ROI
ET LE DUC ; PUISSANCE DE PIERRE LANDOIS. — MORT D'ÉDOUARD
IV ET DE LOUIS XI.

1472-1483

Après les trèves de Poitiers et de Senlis, Louis XI se
débarrassa de deux ennemis irréconciliables, le comte
d'Armagnac, qui périt à Lectoure, et le duc d'Alençon,
qui fut arrêté par Tristan L'Hermite, condamné à mort
par le Parlement de Paris, et enfermé à la Bastille. La
coalition féodale était véritablement dissoute par la mort
du duc de Guyenne. Le roi cependant avait à combattre
un redoutable adversaire dans le roi d'Aragon Jean II,
qui avait soumis la Catalogne insurgée, et voulait reconquérir le Roussillon. Depuis le traité de Saint-Omer, les
ducs de Bretagne et de Bourgogne étaient les alliés de

Jean II. Charles le-Téméraire l'avait compris dans la trève de Senlis. Louis XI arrêta les hérauts envoyés par le duc de Bourgogne pour notifier cette trève au roi d'Aragon. La ruse du roi de France tourna contre lui. Jean II continua la guerre et, en février 1473, souleva le Roussillon. Nos soldats ne conservèrent que Salces, Collioure et le château de Perpignan.

La conquête était à refaire. Louis XI pour recouvrer la province avait besoin de conclure soit un traité de paix, soit une longue trève avec le duc de Bourgogne. Il s'adressa au duc de Bretagne, lui rendit Ancenis [1] et l'invita à lui servir de médiateur auprès de Charles-le-Téméraire [2]. Le duc accepta les propositions de Louis XI, et chargea Vincent de Kerleau, évêque de Léon, d'aller négocier aux Pays-Bas [3]. Charles-le-Téméraire songeait à conquérir la Gueldre : il avait aussi besoin d'une trève. Il conclut à Bruxelles une trève d'un an, qui devait durer du 1er avril 1473 au 1er avril 1474. Ce n'était pas une trève nouvelle, mais la continuation de la trève de Senlis, dont elle reproduisait toutes les conditions. Un congrès devait se réunir le 5 juillet à Clermont, en Beauvaisis, pour régler tous les différends et conclure un traité de paix. Comme la trève de Poitiers expirait le 22 novembre, le duc de Bretagne la fit prolonger jusqu'au 1er avril 1874, afin d'unir ses intérêts avec ceux de Charles le-Téméraire [4].

Les deux ducs n'avaient nullement l'intention d'abandonner le roi d'Aragon. Le duc de Bourgogne le comprit expressément dans la trève de Bruxelles [5]. Le duc de Bretagne conclut avec lui, à Nantes, le 8 août, un traité d'alliance offensive et défensive [6]. Charles-le-Téméraire se

1. Act. de Bret. III, 252. — 2. Act. de Bret. III, 251. — 3. Act. de Bret III. 260. — 4. Arch. de la Loire-Inf. Reg. de la chancell. 1473, f° 119, v°. — 5. Arch. de la Loire-Inf. E. 100. — 6. Arch. de la Loire-Inf. E. 121.

hâta de lui faire connaître la trève de Bruxelles. Jean II
assiégait alors le château de Perpignan, lui-même était
assiégé dans la ville par une armée que commandait
Philippe de Savoie, comte de Bresse. Le 23 mai, il signifia aux généraux français qu'il adhérait à la trève de
Bruxelles ; le 23 juin, il renouvela sa déclaration [1]. Les
généraux français ne tinrent aucun compte de ses protestations ni de ses menaces. Louis XI n'entendait pas que
la trève le sauvât ; ce n'est pas dans ce but qu'il avait
négocié avec le duc de Bourgogne. A la fin, Jean II fut
délivré par Ferdinand-le-Catholique. Mais comme ses ressources étaient épuisées, il conclut le 17 septembre un
traité qui stipulait le mariage du dauphin avec l'infante
Isabelle d'Aragon, et qui laissait indécise la possession
du Roussillon [2].

Ni Jean II, ni Louis XI ne songeaient à respecter le
traité de Perpignan Leur seul but était de gagner du
temps. En 1474, au mois de février, le roi d'Aragon envoya au roi une ambassade, sous prétexte d'arrêter les
conditions du mariage du dauphin. Mais la véritable mission de ses ambassadeurs était de se concerter avec les
plénipotentiaires bretons et bourguignons réunis en congrès
à Compiègne. Le congrès du 8 juillet n'ayant pas réussi,
s'était ajourné et reconstitué à Compiègne. Louis XI déjoua les projets des envoyés de Jean II. Lui-même était
alors à Beauvais. Il chargea une partie de ses conseillers
de les retenir à Paris, et de discuter avec eux On ne leur
permit ni de se rendre à Beauvais, ni d'écrire aux plénipotentiaires bretons et bourguignons. Pendant ce temps,
le roi chargeait Daillon du Lude d'aller avec un corps de
cavalerie couper les blés du Roussillon [3]. Il expédiait des

1. Arch. de la Loire-Inf. E. 100. Aucun historien, jusqu'à ce
jour, n'a signalé des faits que nous indiquons ici. — 2. Legrand.
— 3. Legrand.

troupes pour continuer la guerre. Les ambassadeurs de Jean II virent qu'on se moquait d'eux, et se retirèrent, adressant une protestation au duc de Bretagne [1]. Les officiers du roi les retinrent longtemps à Lyon et à Montpellier. Leur gouvernement ignorait absolument ce qu'ils étaient devenus.

Le seul résultat du congrès de Compiègne fut de prolonger jusqu'au 1er mai la trève de Bruxelles, et de décider un troisième congrès pour traiter de la paix. Jean II fut compris dans la nouvelle trève comme dans les précédentes. Charles-le-Téméraire expédia deux hérauts pour l'avertir. Sur l'ordre du roi, Daillon du Lude arrêta les hérauts, et les envoya à Louis XI [2]. Le roi envoya à Nantes une ambassade pour justifier sa conduite. Il prétendait que Jean II l'avait attaqué, que lui-même n'avait fait que se défendre, que le Roussillon lui appartenait, et que du chef de sa mère il avait droit même à la couronne d'Aragon. Le duc répondit que le jugement de ces questions appartenait au prochain congrès, et que Jean II était couvert par la trève [3]. Louis XI néanmoins continua la guerre, et finit par rester maître du Roussillon. Le roi de Castille Henri IV étant mort en 1474, Jeanne la Bertraneja, sa fille, trouva des partisans qui appelèrent le roi de Portugal Alphonse V. Jean II fut forcé de secourir son fils Ferdinand-le-Catholique et sa belle-fille Isabelle. Il lui fut impossible de reprendre les armes contre le roi de France.

Mais il se préparait contre Louis XI un péril plus grave. Charles-le-Téméraire décida enfin Édouard IV à envahir la France pour reconquérir la Guyenne ou la Normandie. Le 15 juillet 1474, il conclut avec lui un traité dans ce but. Le roi d'Aragon adhéra à cette alliance.

1. Arch. de la Loire-Inf. E. 124. — 2. Arch. de la Loire-Inf. E. 106. — 3. Arch. de la Loire-Inf. E. 100.

Heureusement pour la France, il fallait au moins un an
au roi d'Angleterre pour organiser son armée. Louis XI
corrompit les ambassadeurs de Jean II, qui lui firent connaître le traité. Il reçut en outre des informations du roi
d'Ecosse Jacques III, qui lui promit une intervention en
sa faveur [1]. Lui-même s'appliqua à détourner l'orage dont
il était menacé. Mécontent du roi René, qui avait encouragé son petit-fils Nicolas de Lorraine dans ses efforts
pour épouser Marie de Bourgogne, il saisit l'Anjou. Il
gagna la maison de Bourbon en mariant sa fille Anne de
Valois avec Pierre de Beaujeu. Il força le duc d'Orléans
d'épouser sa seconde fille Jeanne. Il suscita une foule
d'ennemis contre Charles-le-Téméraire, auquel il opposa
les Suisses, le duc de Lorraine, René de Vaudemont,
l'archiduc Sigismond d'Autriche, et enfin l'empereur Fré-
déric III.

Le duc de Bretagne était d'accord avec le duc de Bourgogne et le roi d'Angleterre. Mais le gouvernement breton
était divisé et irrésolu. Poncet de Rivière et le sire d'Urfé
conseillaient énergiquement au duc de confondre sa cause
avec celle du duc de Bourgogne. Ils étaient en relation
permanente avec Edouard IV, qui comptait sur François
II. Ils étaient combattus par Lescun, qui avertissait
Louis XI et entretenait le duc dans son irrésolution ordinaire. Le duc de Bourgogne, convaincu qu'il soutiendrait
Edouard IV, engageait le prince à débarquer à Cherbourg,
afin de se trouver à égale distance de ses deux alliés [2].
Le duc de Bretagne n'osait se prononcer et se bornait à
se vanter en Angleterre de ses relations avec les princes
du royaume. Il assurait que sa diplomatie ferait plus que
toutes les forces militaires d'Edouard IV et de Charles-
le-Téméraire. Louis XI corrompit un des secrétaires

1. Legrand. — 2. D. Plancher, preuve 250.

d'Edouard IV et se fit livrer les dépêches du sire d'Urfé [1].
Sur les conseils de Lescun, il envoya à Nantes une série
d'ambassades menaçantes pour presser le duc de se prononcer nettement contre les Anglais. François II protesta
qu'il n'aimait pas les Anglais, que jamais il ne les soutiendrait, à moins d'y être contraint. Il refusa toute déclaration plus précise. Il se borna à rester neutre [2]. Les
Anglais, irrités de son attitude équivoque, déchaînèrent
leurs corsaires et traitèrent les Bretons en ennemis [3].
Cependant, quand Edouard IV eut réuni son armée à
Douvres, François II envoya une escadre pour protéger le
transport des troupes anglaises qui débarquèrent à Calais [4].
C'était assez pour irriter Louis XI, et trop peu pour secourir efficacement les ennemis du roi.

Les Anglais arrivèrent le 5 juillet à Calais. La trève de
Compiègne était expirée depuis le 1er mai. Les ducs de
Bretagne et de Bourgogne se trouvaient donc en état de
guerre contre Louis XI, mais François II restait immobile,
et Charles-le-Téméraire avait épuisé son armée au siége
de Neuss. Les Anglais n'éprouvèrent que des déceptions.
Le connétable de Saint-Pol, qui les avait appelés, refusa
de leur ouvrir ses places ; Charles-le-Téméraire ne fit
aucun effort pour les seconder. Le commencement des
pluies d'automne acheva de les décourager. Le 29 août,
Edouard IV se décida à conclure le traité de Péquigny.
Il déclara qu'il abandonnait le duc de Bourgogne, s'il refusait d'adhérer au traité. Louis XI le sonda au sujet de
François II. Le roi d'Angleterre déclara nettement qu'il
ne laisserait pas accabler le duc de Bretagne, et qu'au
besoin il repasserait la mer pour le secourir [5]

Malgré sa fanfaronade, Charles-le-Téméraire n'essaya

1. Commines. — 2. Act. de Bret. iii, 273. — 3. Legrand. —
4. Act. de Bret. iii, 281 et 282. — 5. Commines.

même pas de lutter après la retraite des anglais. Le 13
septembre, il conclut la trève de Soleure. Le roi lui rendait Saint-Quentin, et lui abandonnait même le duc de
Lorraine, mais à condition que le duc lui livrerait le
connétable de Saint-Pol. Le duc de Bretagne ne pouvait
faire autrement que de chercher à conclure à son tour un
traité de paix avec le roi. Il envoya dans ce but une ambassade qui comprenait Jean de Coetquen et Nicolas de
Kerméno. Le roi forma une commission chargée de rechercher tous les actes de François II, tous ses attentats contre la couronne. C'est à cette commission qu'il adressa les
plénipotentiaires bretons, en annonçant que son intention
était d'exiger du duc des garanties sérieuses pour l'a-
venir [1] .

La paix fut conclue le 29 octobre dans l'abbaye de la
Victoire près de Senlis. En vertu de ce traité, les deux
princes oublient le passé. Le duc aidera le roi contre ses
ennemis, sans nul excepter ; il renonce à tous les traités,
à toutes les alliances que la nécessité l'a forcé de contracter pendant ses démêlées avec le roi. Le roi de son côté
maintiendra les droits du duc et de son duché, et renon-
cera à toute alliance formée contre eux. Il défendra le duc
même par les armes ; le duc sera tenu aux mêmes obli-
gations envers le roi. Le roi et le duc jureront le traité
sur la croix de Saint-Laud et sur les reliques de saint
Hervé et de saint Gildas. Le traité sera sanctionné par
les notables, et garanti par l'échange des scellés de la
noblesse des deux pays.[2]

Louis XI ratifia le traité le 16 octobre. Le même jour,
il publia une patente qui donnait au duc le titre de lieutenant-général du royaume. Le duc ratifia le traité le 5 novembre, et promit de le faire ratifier par les États de Bre-

1. Act. de Bret. III, 286. — 2. Act. de Bret. III, 287.

tagne. La paix semblait entièrement rétablie, quand survint une difficulté imprévue. Lorsque le chancelier Chauvin se rendit auprès du roi pour lui demander son serment, Louis XI déclara que certains articles manquaient de clarté, et qu'il ne pouvait les jurer tous sur la vraie croix. Il proposa de rédiger une formule de serment ; que les ambassadeurs bretons en rédigeraient une seconde, et qu'avec les deux formules comparées, on en arrêterait une troisième et définitive. Les ambassadeurs refusèrent de se charger de ce soin [1]. A leur retour, François II réunit les Etats à Redon, et leur fit ratifier le traité le 23 août 1476 [2]. Quant aux propositions du roi, le grand conseil décida qu'elles équivalaient à un nouveau traité, et qu'il n'y avait pas lieu de changer celui de Senlis.

Cependant la fermeté du gouvernement breton dépendait de la fortune de Charles-le-Téméraire, dont la puissance commençait à s'écrouler. François II effrayé envoya au roi une ambassade pour lui annoncer que relativement à la formule du serment, il s'en remettait à son bon vouloir [3]. Louis XI fit rédiger le 20 décembre deux nouvelles formules, où chacun des deux princes s'engageait à ne jamais attenter à la vie ni à la liberté de l'autre, à ne jamais commencer la guerre contre lui, et à le secourir contre quiconque lui ferait la guerre. Le duc jurait en outre de maintenir les droits du roi sur son duché [4].

Ce fut alors le duc qui fit des objections, et qui demanda des éclaircissements sur les droits du roi. Louis XI d'ailleurs devenait plus exigeant à mesure que les revers s'accumulaient pour le duc de Bourgogne. François II, à l'insu de ses ministres, gardait des relations secrètes

1. Legrand. — 2. Act. de Bret. III, 300. — 3. Arch. de la Loire-Inf. E. 101. — 4. Act. de Bret. III, 291.

avec les Anglais. Averti par ses espions, Louis XI réclamait de nouvelles garanties Il envoya presque immédiatement à Nantes Soupplainville demander : 1° qu'un nombre déterminé de seigneurs bretons jurât sur la croix de
Saint-Laud de veiller au maintien du traité, et de re-
fuser toute obéissance au duc, s'il le violait ; 2° qu'on lui
livrât Henri Tudor ; 3° que le duc acceptât l'ordre de
Saint-Michel. Lescun allait partir de Nantes le 14 janvier 1477 avec la réponse du gouvernement breton, quand
le roi invita le duc à retarder l'envoi de ses ambassadeurs [1]. Il attendait en effet des nouvelles au sujet des
dernières entreprises de Charles-le-Téméraire. Ce prince
périt le 5 janvier à Nancy. Sa mort fortifiait Louis XI et
affaiblissait François II.

Le gouvernement breton était plus divisé que jamais.
La plupart des membres du conseil proposaient au duc
la paix et une réconciliation sincère avec Louis XI. Le
grand trésorier Landois, dont l'influence devenait prépondérante, l'engageait au contraire de se jeter résolument dans l'alliance anglaise. Il entretenait une correspondance secrète avec Edouard IV. L'agent qu'il em-
ployait à cet usage était un certain Maurice Gourmel,
qui depuis deux ans circulait entre la Bretagne et l'Angleterre. En passant par Cherbourg, il rencontra un es-
pion du roi, qui le fit parler, et réussit à le corrompre.
Gourmel excellait à contrefaire les écritures. Il fut convenu qu'il livrerait dorénavant la minute des dépêches à
l'agent du roi, et la copie contrefaite aux deux gouvernements qui le croyaient fidèle. Pour chaque dépêche,
il recevait 100 écus Louis XI avait déjà acquis ainsi
vingt-deux paires de lettres, dont dix signées du roi
d'Angleterre. Il connaissait donc à fond la politique secrète du duc de Bretagne [2].

1. Arch. de la Loire-Inf. E. 101. — 2. Al. Bouchard.

François II, inquiet des allures mystérieuses du roi, prit des mesures défensives, mobilisa l'arrière-ban [1] et les francs archers [2], et défendit l'exportation du blé [3]. Il fit armer et approvisionner toutes les places fortes [4]. Cependant, comme il voulait éviter la guerre, il chargea Gilles du Maz d'aller demander les ordres du roi. Le roi consentit enfin à recevoir une ambassade bretonne [5]. Le duc envoya aussitôt le 24 février, Guillaume Chauvin, Gay du Boschet et Nicolas de Kerméno, avec des instructions pleines d'humilité et de soumission [6]. Le roi venait de se porter en Artois, pour recueillir la succession de Charles-le-Téméraire. Fier de ses succès, il crut pouvoir témoigner toute son irritation contre le duc de Bretagne. Il refusa de voir lui-même les ambassadeurs bretons, et les adressa au chancelier, qui leur reprocha durement les tergiversations de leur gouvernement [7]. Il les fit ensuite arrêter, et les retint douze jours en prison. Les malheureux ignoraient la cause de cette rigueur. Quand ils reparurent devant lui, le roi leur remit les dépêches qu'il tenait de Maurice Gourmel, en les invitant à les porter à François II. Guillaume Chauvin ignorait complètement les relations de François II avec l'Angleterre. Il se plaignit avec vigueur du rôle qu'on lui avait fait jouer auprès de Louis XI. Landois arrête Gourmel, qui allait partir avec une nouvelle dépêche. Le messager infidèle fut noyé secrètement dans les fossés du château d'Auray [8].

Le duc se hâta d'achever ses préparatifs de défense en cas de guerre [9]. Le 15 juin, il renvoya au roi ses précédents ambassadeurs avec des pouvoirs étendus et rédigés

1. Arch. de la Loire Inf. Reg. de la chancell., fo 4, ro. — 2. Ibid. fo 10, ro. — 3. Ibid. fo 25 bis, ro. — 4.Ibid. fo 21, 12, 31, 39, — 5. Arch.de la Loire-Inf. E. 101. — 6. Arch. de la Loire-Inf. E. 101.— 7. Arch. de la Loire-Inf E. 101. — 8. Al. Bouchard. — 9. Arch. de la Loire-Inf. Reg. de la Chancell. 1477, fos 56, 57, 61, 86, 94, 98, 99.

avec une profonde humilité [1]. Le roi fut touché de sa soumission et consentit à reprendre les négociations Le traité
de Senlis était maintenu en principe : il s'agissait seulement de rectifier certains points obscurs et de fixer la formule du serment Le principal changement apporté au
traité de Senlis était contenu dans une clause où le duc
s'engageait à combattre quiconque envahirait le royaume
et à rompre tout commerce avec lui [2]. François II ratifia
le traité le 21 août et prêta le serment le 22 [3]. François II
en jurant ce traité était déjà décidé à le violer. Le 19
août, en présence des évêques de Rennes et de St-Malo,
il avait protesté qu'il cédait à la violence ; qu'en promettant de défendre le royaume contre toute invasion, il n'entendait par là que les invasions injustes ; qu'en promettant
de soutenir les droits de la couronne, il ne voulait défendre
que les droits bien établis et non les prétentions mal fon-
dées [4]. En un mot, le roi voulait arracher la Bretagne à
son hostilité et à son isolement. Le gouvernement breton
se refusait avec obstination à le satisfaire. Le seul remède
à cette situation était la réunion de la Bretagne à la France.
Louis XI ne tarda pas à le comprendre.

Au milieu de ses succès aux Pays-Bas , il rencontrait
un obstacle imprévu. L'archiduc Maximilien, qui avait
épousé Marie de Bourgogne en 1477, avait arrêté le progrès de nos armes. La guerre devenait onéreuse et difficile. En 1479, Louis XI recevant une ambassade bretonne,
composée du chancelier Chauvin et du grand maître Coetquen déclara que le traité d'Arras l'autorisait à réclamer
le concours de François II contre Maximilien [5]. Le 20
novembre, il envoya à Nantes Raoul Pichon et Jacques

1. Arch. de la Loire-Inf. Reg. de la chancell. 1477, fo 108, vo.
— 2. Arch. de la Loire-Inf. E. 101. — 3. Arch. de la Loire-Inf.
Reg. de la chancell. 1477, fo 141, vo. — 4. Arch. de la Loire-Inf.
E. 101. — 5. Act. de Bret. III, 333.

Louet pour sommer le duc de tenir ses engagements [1].
François II refusa de seconder le roi, et garda une neutralité menaçante. Louis XI, convaincu que rien ne pourrait désarmer l'hostilité du gouvernement breton, prépara
résolument la réunion de la Bretagne à la France.

La maison de Dreux-Montfort, qui gouvernait la Bretagne depuis 1341, avait des rivaux. Le traité de Guérande,
en 1365, n'avait consacré les prétentions de Jean IV le
Conquérant qu'avec cette réserve que si sa postérité mas-
culine s'éteignait, le duché passerait à la maison de Blois.
En 1420, à la suite de l'attentat des princes de la maison
de Blois contre le duc Jean V, les États de Bretagne
confisquèrent leurs fiefs et annulèrent leurs droits à la
couronne. Mais cette décision était sans valeur aux yeux
du gouvernement français, qui avait garanti le traité de
Guérande. Le traité constituait un pacte international
qu'une loi des États ne pouvait abroger. En 1448, Jean
de Penthièvre, seigneur de Laigle, conclut avec le duc
François Ier un pacte en vertu duquel il renonçait à ses
droits à la couronne et recouvrait une partie des biens de
sa maison. Craignant les reproches de ses parents, il obtint du duc une patente de complaisance qui maintenait
ses droits éventuels sur le duché. Il promit d'ailleurs de
rendre cette patente, et signa une contre-lettre qui l'annu-
lait. Malgré sa promesse, il refusa de rendre la patente
de François Ier. Aussi bien, sa renonciation n'avait pas
plus de valeur que la loi de 1420. La couronne n'avait
accepté le traité de Guérande qu'en réservant les droits
de la maison de Blois. Si le gouvernement breton rejetait
cette réserve, le gouvernement français pouvait considérer
le traité de Guérande comme non avenu et repousser les
droits mêmes de la maison de Montfort. Pour le roi de

1. Act. de Bret., III, 340.

France, les droits de la maison de Blois ne pouvaient être
annulés sans son consentement. Ils restaient donc entiers
et indiscutables. La maison de Blois était représentée par
Nicole de Blois, femme du maréchal de Boussac. Le 20
février 1480, Louis XI acheta tous ses droits sur la Bretagne au prix de 50,000 écus.

Il n'y avait pas à se méprendre sur la gravité de cette
mesure. Assurément Louis XI ne menaçait pas encore
François II. En ce moment tous ses efforts étaient dirigés
contre Maximilien d'Autriche. Avant de commencer la
ruine de la maison de Montfort, il fallait en finir avec la
maison de Bourgogne. Mais la maison de Montfort était
évidemment destinée à succomber à son tour. François II
n'avait pas eu d'enfant de sa première femme, Marguerite
de Bretagne. De Marguerite de Foix, il avait deux filles,
dont l'aînée, Anne, était née le 25 janvier 1477. Ce sont
leurs droits qui étaient en jeu, et avec leurs droits, l'indépendance de la Bretagne. En présence du péril, le duc
sortit de sa léthargie. Les forces militaires du duché étaient
insuffisantes. Il institua la milice des Bons-Corps, choisis
parmi les gens de bas état, organisés et exercés par la
noblesse. Les premiers détachements furent formés dans
l'évêché de Rennes [1]. On leva ensuite 10,000 hommes en
Basse-Bretagne [2]. Le duc fit acheter des armes aux Pays-
Bas [3]. Louis XI, averti de ces armements, lui signifia
qu'il se regardait comme dégagé du serment qu'il avait
prêté sur la croix de saint Laud [4].

Ainsi le gouvernement breton, après deux ans de repos,
se trouvait de nouveau en état de guerre avec la royauté
française. Mais il avait perdu tous ses anciens appuis.
Maximilien était léger, besogneux, sans influence dans le

1. Arch. de la Loire-Inf. Reg. de la Chancell. f° 13, r°. —
2. Ibid. f° 71, v°. — 3. Ibid. f° 63, r°. — 4. Act. de Bret. III, 353.

royaume, à cause de son origine étrangère. Edouard IV, avide et indolent, ne songeait qu'au mariage de sa fille avec le dauphin. Louis XI lui promettait ce mariage, sans vouloir le réaliser, et payait régulièrement sa pension. Il amusait le roi d'Angleterre en négociant avec lui une trève de cent ans [1]. Son ambassadeur Charles de Martigny ayant compris dans le traité Maximilien et le duc de Bretagne, fut désavoué, et le roi refusa de ratifier la trève [2]. Il empêcha du moins Edouard IV de secourir l'archiduc, qui, voyant ses forces épuisées, conclut la trève d'Arras, et y comprit le duc de Bretagne. François II acheva de rompre le traité qu'il avait conclu en 1477, en adhérant à la trève de Maximilien. Il passait ainsi ouvertement au nombre des ennemis du roi [3].

Il reprit aussitôt les anciennes relations avec Edouard IV. Il reçut en Bretagne une ambassade anglaise [4]. Edouard IV promit de lui ménager une alliance avec Maximilien [5]. Le duc envoya en Angleterre Michel de Parthenay et Jacques de la Villéon, qui conclurent le 16 avril 1461 avec les envoyés de l'archiduc un traité en vertu duquel les deux princes renouvelaient les anciennes alliances de François II avec Charles-le-Téméraire [6]. Les ambassadeurs bretons et flamands essayèrent vainement de décider Edouard IV à la guerre. Le 10 mai, le duc de Bretagne conclut avec lui un traité d'alliance et de confédération perpétuelles. Le prince de Galles devait épouser Anne de Bretagne. Le roi et ses successeurs défendront la Bretagne contre le roi de France. Si le roi d'Angleterre débarque en France pour reconquérir son héritage, le duc le soutiendra. Le traité

1 Act. de Bret. III, 354. — 2. Legrand. — 3. Arch. de la Loire-Inf. de la chancell. 1480, f° 143, r°. — 4. Arch. de Rennes, 21. — 5. — Arch. de la Loire-Inf. E. 123. — 6. Legrand.

sera ratifié par les Etats de Bretagne et le Parlement d'Angleterre [1].

Ainsi le gouvernement breton se jetait dans les bras du roi d'Angleterre pour échapper au roi de France. Louis XI réunit des troupes contre François II. Doyat en Auvergne saisit une cargaison d'armes achetées à Milan par le duc de Bretagne [2]. Le duc effrayé des préparatifs du roi implora l'intervention de Maximilien, qui adressa une note menaçante à Louis XI [3]. Le roi fit enregistrer cette note au Parlement de Paris, pour montrer l'hostilité du duc de Bretagne [4]. Il ne commença pas la guerre, mais il déchaîna ses officiers de justice, qui se mirent à harceler François II, comme c'était l'usage pour tous les vassaux rebelles. Ils lui intentèrent cinq procès à la fois, au sujet des seigneuries de Neauffle et de Montfort [5]. Le duc ne pouvait ni obtenir la restitution du comté d'Etampes, ni arrêter les empiétements du Parlement de Paris, qui, malgré les droits des tribunaux bretons, avait jugé les procès du seigneur de la Tour contre le sire d'Oudon [6], et d'Olivier de Coëtivy contre le sire de Raiz [7]. La justice bretonne ayant arrêté un malfaiteur, Jean de La Lande, en Anjou, le roi René avait protesté, saisi Ingrande et Chantocé. Satisfait des excuses du gouvernement breton, il lui rendit deux places. Après sa mort, les gens du roi reprirent la querelle. Ils entreprirent en outre d'étendre leur juridiction sur les marches communes, sur la paroisse de Gesté, et même sur Villechérel, à la frontière de Normandie [8].

Le gouvernement breton avait des démêlés permanents avec la douane française, à l'occasion des péages d'In-

1. Act. de Bret. III, 394. — 2. Chron. Scandal. — 3. Act de Bret. III, 409. — 4. Legrand. — 5. Arch. de la Loire-Inf. E. 181. — 6. Arch. de la Loire-Inf. Reg. de la chancell., 1487 f° 173, v°. — 7. Ibid. 1480, f° 94, r°. — 8. Arch. de la Loire-Inf. E. 106.

grande. Les mariniers, qui transportaient du vin en Bretagne, employaient pour tromper la surveillance des gens du roi des radeaux appelés échergeaux. Ils luttaient même contre les douaniers. Ceux-ci se hâtaient de verbaliser. Le roi se plaignait avec hauteur [1]. Le moindre incident provoquait des notes hautaines et des ambassades toujours inutiles, qui ne réussissaient jamais à aplanir les différends.

François II était alors entièrement dominé par son grand trésorier Pierre Landois. Fils d'un tailleur de Vitré, il avait reçu à l'avènement de François II l'office de trésorier général, le premier et le plus important des offices du duché. A partir du traité de Senlis, il se saisit entièrement de la direction des affaires publiques. Il efface les aventuriers étrangers, tels que Lescun, le sire d'Urfé et Poncet de Rivière, qui jusqu'alors avaient dirigé la politique extérieure du gouvernement breton. Il devient seigneur du Leroux-Bottereau, où il obtient l'établissement d'une foire pour augmenter ses revenus [2]. Il reçoit l'autorisation de fortifier sa maison de Briord [3]. En retour de tous ces avantages, il se dévoue entièrement aux intérêts de la maison de Montfort. Aux manœuvres souterraines de Louis XI, il oppose les siennes. Chaque année, malgré les réclamations de la Chambre des Comptes, les états de finance présentent des sommes énormes, dépensées secrètement et sans contrôle par ordre du duc [4]. Pour assurer la défense du pays, Landais supprime l'office de trésorier des guerres et enlève à l'amiral de Bretagne l'administration des deniers du convoi. Il concentre ainsi dans ses mains les ministères de la guerre et de la marine [5]. Il

1. Arch. de la Loire-Inf. E. 185. — 2. Arch. de la Loire-Inf. Reg. de la chancell., fo 128, vo. — 3. Ibid. fo 130, vo. — 4. Arch. de la Loire-Inf. Reg. de la Chancell. 1480, fo 23, ro. — 5. Arch. de la Loire-Inf. E. 212.

poursuit avec acharnement l'évêque de Rennes, Jacques d'Epinay, prélat corrompu et hostile, auquel il adjoint comme coadjuteur son neveu Michel Guibé. Il fait saisir les meubles de l'abbé de Saint-Méen, Robert de Coetlogon, suspect d'intelligence avec Louis XI [1]. Il organise dans toute la Bretagne une police qui le rend redoutable et attire sur lui la haine publique [2]. Il poursuit partout les agents secrets de Louis XI, qui sont jugés sommairement, et noyés dans les douves de quelque forteresse [3].

Pierre Landois avait pour rival dans le conseil de François II le chancelier Guillaume Chauvin, seigneur du Bois et du Ponthus, personnage respecté dans toute la Bretagne, bien qu'il eût été reconnu coupable de concussion en 1463 [4]. Le chancelier combattait la politique violentes et les exécutions arbitraires du grand trésorier. Il était partisan de l'alliance française, à l'exemple de la plupart des seigneurs bretons. L'hostilité des deux ministres devint plus vives que jamais après le traité d'Arras et l'épisode de Maurice Gourmel. Dans une discussion, Landois déclara au chancelier qu'il le réduirait « à telle nécessité, qu'il le ferait manger aux poux. » Chauvin lui répondit « que ses actes et déportements lui attireraient une punition de justice par une mort honteuse [5]. » Landois persuada au duc que le chancelier le trahissait. Il s'appuyait sur ce que son fils, Jean Chauvin, seigneur de la Muce, était au service de Louis XI. Le père et le fils furent arrêtés au mois d'octobre. Guillaume Chauvin eut pour successeur François Chrétien, seigneur de Pommorio. Il fut interrogés par des commissaires qui ne purent le convaincre de trahison. Tous ses biens furent saisis et confisqués. Chauvin en appela au roi, et parvint à lui

1. Arch. de la Loire-Inf. Reg. de la chancell. 1487, 30 juin. — 2. Act. de Bret. III, 399. — 3. Act. de Bret. III, 412, l'épisode Letonnelier. — 4. Act. de Bret. III, 38. — 5. D'Argentré.

faire parvenir sa requête. Mais le gouvernement breton
n'en tint aucun compte. Le malheureux chancelier fut
enfermé au château d'Auray sous la garde de deux créatures de Landois, qui s'appliquèrent à aggraver les ri-
gueurs de sa captivité.

Ce fut une nouvelle cause de réclamations de la part
de Louis XI Les contestations se multipliaient à la frontière entre les gens du roi et ceux du duc, aussi bien que
les procès intentés à François II. Le duc en avait six à
la fois en 1485[1]. Pour régler les conflits de juridiction
qui s'élevaient continuellement à la frontière, on ouvrit
en 1482, au mois de septembre, des conférences à Angers[2]. Il fut impossible de s'entendre. La guerre semblait imminente. Le duc avertit Maximilien et EdouardIV.
Maximilien envoya le comte de Chimay en Bretagne,
pour se concerter avec le duc[3]. Edouard IV promit à
François II un secours énergique[4]. Mais Maximilien
n'était plus maître des évènements. Les Flamands insurgés lui imposèrent le traité d'Arras, qu'ils conclurent
malgré lui avec Louis XI Edouard IV mourut bientôt.

Louis XI survivait à tous ses ennemis. Il ne lui restait
que le duc de Bretagne, qu'il songeait à frapper à son
tour. Il disgracia Adam Fumée et le chancelier Doriole
qui lui conseillaient de ménager le gouvernement breton[5].
Mais ses forces déclinaient visiblement. Il comprit que
sa carrière était terminée. Le 7 juillet, il signa une déclaration par laquelle il relevait François II de toutes les
infractions qu'il pouvait avoir commises contre son serment et le traité d'Arras[6]. Il recommanda à Monsieur et
à Madame de Beaujeu de ménager le duc de Bretagne

1. Arch. de la Loire-Inf., E. 185. — 2. Ibid. E. 106. —
3. Arch. de Rennes, 21. — 4. Act. de Bret. III, 126. —5. Legrand.
— 6. Arch. de la L.-Inf. E. 101.

tant que son fils ne serait pas en état de gouverner lui-même. Il mourut le 30 août 1483.

Après avoir provoqué au début de son règne l'hostilité du duc de Bretagne, il avait rencontré chez ce prince une défiance incurable et une haine que rien ne put depuis désarmer. Forcé de le combattre sans relâche, il essaya de lui imposer au traité d'Arras des engagements plus étroits envers la couronne. Le duc ne subit ce traité qu'avec l'intention de le violer. Convaincu que le maintien d'une dynastie provinciale en Bretagne était incompatible avec la sécurité du royaume, Louis XI acheta les droits de la maison de Blois et prépara ainsi la réunion de la province à la France. Charles VIII achèvera son ouvrage.

CHAPITRE VI.

Anne de Beaujeu et Pierre Landois.

AVÉNEMENT DE CHARLES VIII ; CABALES CONTRE LES BEAUJEU ;
ALLIANCE DU DUC DE BRETAGNE ET DU DUC D'ORLÉANS. —
ÉTATS GÉNÉRAUX DE TOURS . AMBASSADE DE PIERRE LANDOIS ;
COALITION FÉODALE. — COMPLOT DE LA PABOTIÈRE ; FUITE DES
SEIGNEURS REBELLES ; TRAITÉ DE MONTARGIS ; GUERRE FOLLE.
— ARMEMENTS DU DUC DE BRETAGNE CONTRE LES SEIGNEURS ;
RÉVOLTE DE SON ARMÉE ; CHUTE DE PIERRE LANDOIS. —
TRAITÉS DE BOURGES ET DE BEAUGENCY.

1483-1485.

Charles VIII avait treize ans à la mort de son père.
Quoique majeur, aux termes de la loi portée par Charles
V, il était incapable de gouverner. Son instruction avait
été longtemps négligée, « pour ce qu'il étoit aucunement
tendre et débile en sa jeune enfance, et n'eût pu bonne-
ment porter le labeur de trop grande étude [1]. » Louis XI
lui avait recommandé de conserver autour de lui ses
anciens serviteurs. Il avait confié le pouvoir à Monsieur
et à Madame de Beaujeu. Mais leur autorité fut combattue
d'abord par la reine mère Charlotte de Savoie, et ensuite
par le duc Louis d'Orléans, premier prince du sang. La
reine mère mourut au mois de décembre. Le duc d'Orléans,
alors âgé de vingt-et-un ans, eut pour alliés le duc René

---

1. Defrey.

d'Alençon, aussi turbulent que son père, le duc de Lorraine, René de Vaudemont, qui voulait se faire rendre
la Provence, et le duc de Bourbon, qui convoitait l'épée
de connétable. Le principal meneur du parti était Dunois,
inférieur à son père en talent militaire, mais plus capable
de conduire une intrigue [1].

Le gouvernement breton ne manqua point de s'attacher
au parti du duc d'Orléans. Pendant les onze premières
années du règne de Louis XI, il avait eu dans le duc
de Berry un précieux instrument de désordre. Louis
d'Orléans jouait maintenant un jeu analogue à celui de
Charles de Valois. François II le soutint contre les Beaujeu
comme il avait soutenu Charles de Valois contre Louis XI.

Madame de Beaujeu, par des concessions partielles,
essaya de désintéresser ses adversaires. Le duc de Bourbon reçut l'épée de connétable, les autres princes obtinrent
diverses faveurs. Le roi écrivit une lettre affectueuse au
duc de Bretagne [2]. Les mécontents néanmoins réclamèrent
la convocation des Etats généraux. Le conseil y consentit,
non sans hésitation, avec l'espoir que le gouvernement
serait assez fort pour diriger les élections et dominer l'assemblée. Les élections furent fixées au 3 octobre 1483 et
l'ouverture de la session au 5 janvier 1484. Les Etats
devaient se réunir à Tours.

A mesure que les députés arrivaient dans cette ville,
les agents des Beaujeu réussirent à les gagner [3]. L'évêque
du Mans, Pierre du Luxembourg, les invita au nom des
princes, à réformer hardiment les abus, à diminuer les
pensions et à chasser du conseil les ministres prévaricateurs, c'est-à-dire les Beaujeu et leurs adhérents. L'assemblée vit le piège qu'on lui tendait, et déjoua les calculs
des princes. Ceux-ci énoncèrent alors ce principe que les

1. Arch. cur. de l'Hist. de France. — 2. Arch. de la Loire-Inf.
E. 106. — 3. Saint-Gelais.

Etats n'avaient pas le droit de régler la forme du gouvernement, pendant que le roi était incapable de gouverner, que ce droit n'appartenait qu'aux princes du sang. Philippe Pot, soutenu par les Beaujeu, protesta énergiquement contre cette prétention. L'assemblée décida que le roi présiderait son conseil ; qu'en cas d'empêchement, il serait remplacé par le duc d'Orléans. Elle ajouta douze membres au conseil, et laissa aux Beaujeu la garde de la personne de Charles VIII. Elle se sépara le 15 mars [1]. Les princes furent très mécontents des décisions prises par les Etats, dont ils attribuèrent les actes à la corruption ou à la crainte que les Beaujeu avaient inspirée aux députés [2].

La plupart des princes qui avaient été dépouillés par Louis XI avaient adressé leurs plaintes aux Etats généraux. Les enfants des comtes d'Armagnac et de Nemours réclamèrent la restitution des biens de leur famille. Le duc de Lorraine demanda qu'on lui rendît la Provence et le duché de Bar. Le duc de Bretagne suivit leur exemple, dans le but d'augmenter les embarras du gouvernement français [3]. Le duc de Bourbon le pressait fortement de se rendre à Tours avec les autres princes du sang royal. Il se contenta d'y envoyer une notable ambassade qui comprenait parmi ses membres Pierre Landois, le sire d'Urfé et Poncet de Rivière [4]. Elle avait une double mission, l'une officieuse auprès de Madame de Beaujeu, l'autre officielle auprès des Etats et du Conseil. Landois était spécialement chargé de la mission officieuse. En arrivant à Tours, il remit à Madame de Beaujeu une lettre où le duc « la prioit et requéroit de bien traiter la personne du

1. Doc. inéd. sur l'Hist. de Fr., journ. des Et. gén. — 2 Arch. de la L.-Inf. E. 103. — 3. Pour tout cet épisode, notre récit diffère de celui des Bénédictins : nos sources sont la layette E. 106 des arch. de la Loire-Inférieure, et la pièce K 73, 31 des arch. nat. Cette pièce est fort importante, aucun historien ne s'en est encore servi. — 4. Saint-Gelais.

roi, et lui bailler bons et loyaux serviteurs pour l'instruire
en toutes bonnes mœurs, et aussi lui quérir de notables
gens et conseillers, pour bien le servir et conseiller
touchant le fait de lui et de son royaume [1]. »

Madame de Beaujeu reçut la lettre de François II avec
complaisance, et chargea Landois de le remercier. Ensuite
commencèrent les pourparlers. Il s'agissait de savoir si
le gouvernement breton resterait en bons termes avec les
Beaujeu, ou s'il s'unirait à leurs ennemis. Landois aborda
nettement la question, et demanda des garanties « pour
la sûreté du duc, et pour maire sûreté des alliances d'entre
le roi et le duc, et, à ce que à un chacun ladite sûreté
fût démontrée [2] » Les garanties qu'il réclamait étaient
trois places de sûreté, la restitution de la lettre accordée
par le duc François Ier à Jean de Blois, l'extradition du
vicomte de Rohan, l'éloignement de deux capitaines
p'acés à la frontière de Bretagne, et la solde de deux
cents lances [3]. Les exigences du gouvernement breton
étaient tellement exorbitantes, qu'il était difficile de les
prendre au sérieux. Les conférences de Landois avec les
ducs d'Orléans et de Bourbon éveillèrent la défiance de
Madame de Beaujeu. Le grand trésorier, « averti que
ladite dame lui vouloit mal à sa personne, » retourna
brusquement à Nantes, sans attendre la réponse du gouvernement français [4].

Ses collègues poursuivirent les négociations Ils présentèrent aux États et au Conseil une note composée de onze
articles, dans laquelle ils demandaient le redressement de
tous les griefs de leur gouvernement [5]. Poncet de Rivière
et le sire d'Urfé se laissèrent gagner par les Beaujeu, et
revinrent au service de la couronne, qu'ils avaient abandonné en 1465 [6]. Leurs demandes n'en furent pas moins

1. Arch. nat. K 73, 31. — 2. Ibid. — 3. Arch. de la Loire-Inf.
E. 106. — 4. Arch. nat. K 73, 31. — 5. Arch. de la Loire-Inf.
E. 106. — 6. Saint-Gelais.

discutées par le Conseil. Le roi ordonna au Parlement d'enregistrer l'ordonnance qui plaçait Neaufle sous la juridiction de Montfort l'Amaury. Il promit de faire examiner les droits du duc sur le comté d'Etampes. Le conseil prescrivit de laisser en repos les habitants des marches communes, et de réviser les arrêts du Parlement dans les procès de Raiz et de la Tour. Quant aux demandes officieuses apportées par Pierre Landois, Charles VIII, sans les rejeter absolument, promit de les examiner et d'envoyer à ce sujet une ambassade en Bretagne [1].

Malgré la bienveillance apparente qu'affectaient de se témoigner les deux gouvernements français et breton, leurs intérêts étaient trop opposés pour qu'une alliance fût possible. Landois pendant son séjour auprès de Charles VIII avait ourdi des intrigues qu'il continua après sa retraite. Il gagna Jean de Beuil en concluant le mariage de son fils avec une fille naturelle de François II. Les ducs d'Orléans et de Lorraine, Dunois et beaucoup d'autres se liguèrent pour délivrer le roi des mains des Beaujeu [2]. Ils échangèrent leurs scellés par l'entremise d'un gentilhomme appelé Antoine Boujou [3]. Ils espéraient attirer dans leur alliance le duc de Bourbon, le vicomte de Narbonne, le sire de Torcy et Commines. Ils essayèrent même de gagner le maréchal de Gié, en séduisant Ploret, son secrétaire [4]. Le maréchal promit de servir les intérêts de duc d'Orléans, mais resta fidèle aux Beaujeu [5].

Madame de Beaujeu, informée des manœuvres de ses ennemis, chargea un agent appelé Gaillardet de témoigna au duc de Bretagne son mécontentement [6]. Menacée par une coalition féodale, elle en prépara une autre contre François II, et encouragea les ennemis de Pierre Landois

1. Arch. de la Loire-Inf. E. 106. — 2. Arch. nat. K 73, 31. — 3. Arch. nat. J. J. 216, f° 19, v°. — 4. Arch. nat. K 73, 31. — 5. Arch. de la Loire-Inf., E. 193. — 6. Arch. nat. K 73, 31,

A la suite d'une chute de cheval, le duc était presque entièrement tombé en enfance [1]. Le grand trésorier le tenait séquestré, et gouvernait seul. Son orgueil et son despotisme exaspéraient tous les grands. Le prince d'Orange et le maréchal de Rieux se proposaient depuis longtemps de le saisir, d'instruire son procès, et de le faire périr sans consulter le duc. La triste mort du chancelier Chauvin, arrivée le 5 avril, acheva de les décider. La nouvelle parvint à Nantes le 7. Le prince d'Orange et le maréchal résolurent d'agir le jour même.

Les conjurés ne savent si Landois est au château ou bien à sa campagne de la Pabotière, près de Nantes. Ils se partagent en deux bandes. L'une envahit le château, saisit les clefs, parcourt les appartements, au grand effroi du duc, et cherche vainement Landais. Quelques officiers fidèles s'échappent et soulèvent la population, qui s'assemble autour de la forteresse. Les conjurés lancent sur la foule quelques projectiles, espérant l'effrayer, et ne font que l'exaspérer. Les marins du port accourent avec des canons. Le château est cerné, les conjurés en péril. Ils forcent le duc de paraître aux créneaux pour rassurer la multitude. Les habitants envoient dans la forteresse trois délégués chargés de s'assurer du sort de François II. Les conjurés n'échappent à la fureur populaire qu'en s'embarquant sur la Loire, pour se réfugier à Ancenis [2].

La bande envoyée à la Pabotière ne réussit pas mieux. Le bruit éveille la défiance des valets, qui avertissent Landois. Celui-ci s'échappe par les jardins, et se retire à Pouencé, d'où il est bientôt rappelé par le duc. Tous les conjurés se concentrent à Ancenis, fief du maréchal de Rieux. Ils y font venir leurs vassaux, fortifient la ville,

1. Al. Bouchard.— 2. Pour ce récit, Al. Bouchard, d'Argentré, et Arch. de la Loire-Inf., E. 193.

construisent une Bastille, et enfin se rendent à Angers,
où ils entament des négociations avec les Beaujeu.

De son côté, Pierre Landois appelle le duc d'Orléans en
Bretagne pour soutenir le gouvernement de François II.
Sur les conseils de Dunois, Louis d'Orléans se rend à
Nantes avec Dunois et le duc d'Alençon. Il s'applique à
gagner le duc et la duchesse. Il songeait déjà à faire
casser son mariage avec Jeanne de Valois et à épouser
Anne de Bretagne, alors âgée de huit ans. François II
évitait de le décourager, tout en donnant des espérances
analogues aux ducs de Lorraine et d'Alençon [1]. Il pressa
le duc d'Orléans de se prononcer nettement contre les
seigneurs rebelles. Le 21 mai, il publia une ordonnance
qui les déclarait coupables de lèse-majesté, défendait à ses
sujets toute relation avec eux, et prescrivait de raser leurs
maisons et d'abattre leurs futaies [2]. Les seigneurs en appelèrent au Parlement de Paris. Le duc d'Orléans fut
appelé en France pour assister au sacre de Charles VIII,
qui eut lieu le 30 mai [3].

Il avait eu tout le temps de se concerter avec Landois
Celui ci négociait partout pour obtenir des secours contre
les seigneurs rebelles Malgré ses répugnances, François
II entra en relation avec l'usurpateur Richard III d'Angleterre. Antoine de Longueil, évêque de Léon, conclut
avec lui une trêve de dix mois, du 1er juillet 1484 au 24
avril 1485 [4]. Richard III promit d'envoyer en Bretagne
6,000 archers. Landois négocia de même avec Maximilien
et avec Jean de Foix, qui disputait la Navarre à sa belle-
sœur Madeleine de France et à sa nièce Catherine de
Foix. Le gouvernement breton essaya de se saisir des
barons rebelles par un coup de main. Jean de Beuil était
chargé de l'entreprise. Mais Antoine Boujou, qui devait

---

1. Arch. nat. K 73, 31. — 2. Act. de Bret. III, 433. — 3. Saint-
Gelais. — 4. Act. de Bret. III, 431.

lui préparer les voies à Angers, se laissa prendre, et le complot fut abandonné [1].

Après le sacre du roi, la cour avait fait un voyage en Normandie et s'était ensuite établie à Vincennes. Le duc d'Orléans séduisit Charles VIII en multipliant autour de lui les fêtes et les plaisirs. Secondé par trois chambellans du roi, il se proposait de l'enlever et de se saisir du pouvoir. Le jeune roi approuvait le complot et ne demandait qu'à se soustraire à la tutelle de sa sœur. Celle-ci avertie pénétra brusquement dans son appartement, cassa les chambellans coupables et menaça le duc d'Orléans d'un procès criminel s'il persévérait dans ses manœuvres. Pour plus de sûreté, elle conduisit le roi à Montargis.

Les Beaujeu ménageaient encore le gouvernement breton, parce qu'on craignait le débarquement des auxiliaires anglais. Le roi refusait de donner au lieuce aux seigneurs rebelles et ajournait le relèvement de l'appel qu'ils avaient présenté au Parlement de Paris. François II ayant chargé Philippe de Montauban d'exposer au roi ses griefs contre les seigneurs rebelles, le gouvernement français envoya en Bretagne Jacques de Luxembourg et Adam Fumée avec mission de rassurer le duc, en lui recommandant d'arrêter les dévastations commises sur les biens des seigneurs [2].

Madame de Beaujeu acquit d'ailleurs à cette époque deux alliés utiles, le duc de Lorraine et le comte de Richemont. René de Vaudemont, duc de Lorraine, se laissa complètement gagner, et affecta de menacer le duc d'Orléans, dont il avait jusque là servi les intérêts [3]. Quant au comte de Richemont, Henri Tudor, le duc de Bretagne avait d'abord songé à l'opposer à l'usurpateur Richard III. Le gouvernement breton équipa en sa faveur une escadre.

1. Arch. nat. J. J. 216, f° 19, v°. — 2. Doc. inéd. sur l'Hist. de de Fr. reg. du cons. de Ch. VIII. — 3. Godefroy, 450 et 451.

avec laquelle il devait débarquer en Angleterre. Mais quand il arriva sur la côte, les auxiliaires sur lesquels il comptait venaient d'être dispersés, et Henri Tudor fut forcé de retourner en Bretagne. A la suite du complot de la Pabotière, les dispositions de Landois changèrent. Comme il avait besoin de l'alliance de Richard III, il résolut de lui livrer le comte de Richemont, qui se trouvait alors à Vannes. Henri Tudor, averti par ses amis, se réfugia en France, où il fut bien accueilli des Beaujeu. Oct. 1484 [1].

Richard III, après avoir promis 6,000 archers au duc de Bretagne, lui avait déclaré qu'il ne pouvait lui en fournir plus de mille. Le gouvernement français craignait toujours le débarquement des anglais, et ne savait pas combien le nombre en était réduit. Le conseil décida que Dunois irait en Bretagne prendre des informations à cet égard, sous prétexte de réconcilier le duc avec les seigneurs rebelles. Ceux-ci de leur côté firent observer que le délai légal pour leur appel devant le Parlement allait expirer, et qu'il fallait prendre un parti. Le conseil autorisa le parlement à relever leur appel [2]. Jean Travers, lieutenant du bailli de Touraine, fut chargé d'aller signifier au gouvernement breton que le roi prenait les seigneurs sous sa sauvegarde. Arrivé à trois lieues de Rennes, il fut brusquement arrêté la nuit dans une auberge, et emprisonné. Apprenant qu'on allait le noyer à Saint-Mâlo, il s'échappa et parvint à se réfugier dans la chapelle des Carmes. Il y fut poursuivi par les archers, qui le blessèrent et l'auraient tué sans l'intervention des moines. Ses parents avertis de sa détresse présentèrent leurs doléances au roi et au parlement de Paris [3].

---

1. Les Bénédictins placent cet événement en 1485. D'accord avec Lingard, nous le plaçons en 1484, d'après les indications précises du reg. du cons. de Ch. VIII. — 2. Act. de Bret. III, 444. — 3. Reg. du cons. de Ch. VIII.

Le relèvement d'appel des émigrés bretons constituait de la part du gouvernement français un acte d'hostilité, dont il était impossible de méconnaître la gravité. Il fut bientôt suivi de mesures significatives. Le roi reçut à Montargis une députation des seigneurs rebelles, et conclut avec eux un traité. Le 22 octobre, il signa une patente d'après laquelle, se considérant comme légitime héritier du duché après la mort de François II, il garantissait le maintien des privilèges du pays, et promettait de marier dignement les filles du duc [1]. Les seigneurs de leur côté reconnaissaient ses droits, et s'engageaient à les faire triompher [2]. C'était de leur part une véritable trahison, à laquelle ils avaient été poussés par les préparatifs militaires de leur gouvernement contre la place d'Ancenis [3].

Dunois s'était enfin rendu en Bretagne. Charles VIII lui écrivit plusieurs lettres pour le presser d'agir en faveur de Jean Travers [4]. Dunois refusa de s'occuper de cette affaire. Il ne songea qu'à organiser la ligue féodale déjà ébauchée contre les Beaujeu. Le 23 novembre, il adhéra au traité conclu antérieurement entre François II et le duc d'Orléans [5]. Il employa tout le mois de décembre à achever l'organisation de la ligue Malgré la répugnance de Dunois le duc de Bretagne envoya en Anglete re l'évêque de Léon pour négocier une prolongation de la trève de dix mois [6]. Dunois et le gouvernement breton firent les plus grands efforts pour gagner même Madeleine de France, sa fille Catherine de Foix, son gendre Jean d'Albret, et avec eux Alain d'Albret et Lescun, qui luttaient contre le vicomte de Narbonne. Ils espéraient ainsi unir en leur faveur les deux partis qui se disputaient la Navarre [7]. Les confédérés étaient assurés du duc d'A-

1. Act. de Bret. III, 441. — 2. Act. de Bret. III, 443. — 3. Arch. nat. K 73, 31. — 4. Reg. du conseil. — 5. Act. de Bret. III, 450. — 6. Act. de Bret. III, 451. — 7. Arch. nat. K 73, 31.

lençon, qui, dans l'intérêt de la ligue, repoussait les plaintes désespérées du malheureux Charles d'Armagnac, prisonnier d'Alain d'Albret à Castel-Jaloux [1]. L'adhésion du comte d'Angoulème n'avait jamais été douteuse. Le 13 décembre, il signa un engagement analogue à celui de Dunois [2]. Maximilien demandait la restitution des anciens fiefs de Charles-le-Téméraire. Mais il modéra ses exigences, et envoya à Dunois un blanc-seing [3] Les confédérés comptaient sur Commines, sur les chambellans de Charles VIII disgraciés par Anne de Beaujeu, sur les nombreux amis de Dunois en Normandie. Ils prétendaient se saisir du roi et du gouvernement, et livrer à François II les seigneurs rebelles. Ils s'irritaient de l'indécision du duc de Bourbon, qu'ils croyaient avoir gagné, et qui se dérobait au moment d'agir [4].

Quoi qu'il en soit, ils crurent que le moment était venu de commencer la lutte. Dunois se rend auprès du duc d'Orléans, avec des manifestes qu'il a rédigés de concert avec Pierre Landois et Guillaume Guéguen [5]. Le duc d'Orléans se présente au parlement, et fait lire par son chancelier Lemercier de longues remontrances contre le gouvernement des Beaujeu, qu'il accuse d'attenter à la liberté du roi [6]. Le premier président La Vacquerie lui reproche sévèrement sa conduite ; le parlement avertit le roi des manœuvres du duc [7]. Il essaie inutilement de soulever les bourgeois, de gagner l'université. Les manifestes du duc de Bretagne aux bonnes villes sont froidement reçus [8]. Le conseil ordonne l'arrestation du duc d'Orléans, qui, averti à propos par Jean de Louan, se retire

1. Arch. nat. J. J. 217, fo 21, vo. — 2. Arch. de la Loire-Inf., E. 102. — 3. Arch. nat. K 73, 31. — 4. Ibid. — 5. Ibid. — 6. Godefroy. — 7. D. Félibien. — 8. Act. de Bret. III, 496.

à Alençon, et presse vainement tous les confédérés de courir aux armes [1].

Le gouvernement breton profite de cette révolte, justement appelée la guerre folle. Il mobilise toutes ses forces militaires, et les lance sur Ancenis, « ce nouveau Calais. » La place attaquée avec vigueur est prise, pillée et dépouillée de ses privilèges [2]. C'est le seul succès des confédérés. Le roi se porte rapidement à Paris et ensuite à Evreux [3]. Il accumule des troupes sur les marches de Bretagne et de Normandie [4]. Le duc d'Orléans cerné est forcé de se soumettre le 23 mars.

Grâce à la vigueur et à l'activité déployée par les Beaujeu, la coalition féodale est vaincue, avant d'avoir pu se constituer. Mais elle n'est pas dissoute ; elle n'attend qu'une occasion favorable pour reprendre les armes. Pendant un voyage de la Cour en Normandie, les ducs d'Orléans et de Bourbon se concertent entre eux, et regagnent le duc de Lorraine. Tous comprennent que la féodalité est perdue, si Madame de Beaujeu parvient à réaliser en faveur de Charles VIII les projets de Louis XI sur la Bretagne. Ils veulent tenter un dernier effort pour maintenir les droits des filles de François II. Le gouvernement breton de son côté veut en finir avec les seigneurs rebelles, qui réunissent des troupes en Anjou. Le duc exige de tous ses sujets un serment spécial d'obéissance à ses filles et à leurs futurs époux [5]. Pour intéresser Maximilien à leur cause, il lui adresse un mémoire sur leurs droits, pour réfuter les prétentions de Charles VIII [6]. Ses ministres déploient une activité fébrile. Ils mobilisent de nouveau toutes les forces militaires de la Bretagne qui s'accumulent sur la frontière pendant

1. Al. Bouchard — 2. Arch. de Rennes, 65. — 3. Arch. nat. J. J. 219, fo 19, vo. — 4. Arch. de Rennes, 65. — 5. Act. de Bret. III, 461. — 6. Act. de Bret. III, 470.

les mois d'avril et mai. Tous les charretiers de l'évêché de Rennes sont réquisitionnés pour le transport de l'artillerie [1]. L'armée se concentra autour de Châteaubriand. Elle avait une magnifique apparence, et comprenait 1,500 lances de cavalerie [2]. Elle se mit en marche au mois de juin, pour marcher à la rencontre des seigneurs rebelles. Les milices de l'arrière-ban étaient naturellement turbulentes et profondément hostiles au grand trésorier.

Aussi, les seigneurs marchent sans hésiter au-devant des troupes réunies pour les combattre. Le 24 juin, les deux armées se trouvent en présence. Au lieu d'en venir aux mains, elles s'unissent et se confondent. Elles conviennent de marcher sur Nantes, de se rendre auprès du duc, et de mettre ordre au gouvernement du pays. Cette nouvelle provoque l'enthousiasme de la noblesse « et des gens d'état qui, à Nantes, étoient autour de la personne du duc [3]. » Ils étaient convaincus que la ruine d'une des deux armées ne pouvait qu'être fatale à la Bretagne. Ils se félicitaient de cette heureuse réconciliation qui empêchait la guerre civile. Rien ne semblait plus facile que de faire accepter au duc les faits accomplis François II n'avait plus ni intelligence, ni énergie. Il ne s'appartenait plus. Ce n'était qu'un instrument docile entre les mains du grand trésorier, dont la perte devenait inévitable.

Pierre Landois cependant essaya de faire tête à l'orage. Le 30 juin, il fit signer au duc une ordonnance qui déclarait coupables de lèse-majesté tous les nobles et les capitaines coupables d'avoir pactisé avec les rebelles, et confisquait leurs biens. Le chancelier Chrétien refusa de sceller cette ordonnance [4]. Bientôt d'ailleurs l'armée arrive

---

1. Arch. de Rennes, 65. La plupart des détails que nous donnons dans ce chapitre sont nouveaux. Aucun historien n'a encore consulté les pièces que nous citons. Les arch. municip. de Rennes sont une mine inexplorée avant nous. — 2. Al. Bouchard. — 3. Al. Bouchard. — 4. Arch. cur. de l'Hist. de France.

à Nantes, où elle entre sans difficulté. Le seigneur de
Pontchâteau va sommer le chancelier de faire arrêter
Pierre Landois. Le bruit se répand qu'il est déjà en prison,
et cause une allégresse générale. Landois, effrayé du
déchaînement des passions populaires, se réfugie dans la
chambre du duc, « pour y cuider être en sûreté ; mais
rien ne lui valut [1]. » La population de Nantes se ras-
semble, envahit la cour du château, et s'indigne que le
duc hésite à sacrifier un ministre abhorré, pour apaiser
son peuple et rétablir la concorde La députation qui s'est
rendue auprès du chancelier le presse de prendre une
décision, et l'amène jusqu'à la porte de la chambre du duc.
La foule est si épaisse, qu'ils ont beaucoup de peine à se
frayer un passage. Le duc avait autour de lui ses deux
beaux-frères, le cardinal de Foix et le vicomte de Narbonne. Il charge le vicomte de parlementer avec la foule.
Le vicomte de Narbonne pénètre dans la cour et revient
tout effaré déclarer au duc qu'il aimerait mieux être chef
d'un million de sangliers que d'un peuple si violent : « Il
vous faut, dit-il, délivrer votre trésorier, sinon, nous
sommes tous en danger [2]. »

Au moment où il achève de parler, le chancelier entre,
et demande qu'on lui livre Landois pour le traduire en
justice. Le duc lui rappelle qu'il doit son office à la re-
commandation du grand trésorier. Il lui permet d'emmener
Landois, sur la promesse formelle qu'il ne subira aucun
mauvais traitement, et qu'on fera régulièrement son
procès. Landois sort, escorté du chancelier et du sire de
Pontchâteau. Les archers de la garde forment une double
haie pour le protéger contre la populace. Il est enfermé
dans la tour St Nicolas. La foule se disperse ; les seigneurs
rebelles se réconcilient avec le duc et se saisissent du
gouvernement.

1. Al. Bouchard. — 2. Al. Bouchard.

Leur premier soin est d'instruire le procès du grand trésorier. Il est traduit devant une commission qui comprend le chancelier Chrétien, Jacques de la Villéon, Jean du Périer, sire de Sourdéac, et Jean Le Boutellier, sire de Maupertuis. Les commissaires font d'abord arrêter les deux agents dont il s'est servi pour assouvir sa haine contre le chancelier Chauvin. Ils acquittent Jean de Vitré et condamnent Jean de Fontenailles, qui est pendu. Le procureur général Guillaume de la Lande lit ensuite contre Pierre Landois un violent réquisitoire, dans lequel il lui reproche des malversations et des abus de pouvoir. Landois se défend avec vigueur, réfute une partie des griefs formulés contre lui, avoue et justifie les autres. Les commissaires et les seigneurs se réunissent, déclarent qu'il mérite la mort, mais se demandent comment procéder à son égard, parce qu'il est évident que le duc, s'il est averti, ne permettra pas son supplice. Cependant, ils tiennent à se venger de ce parvenu qui les a longtemps fait trembler. Lescun va trouver François II, et réussit à l'amuser pendant que les commissaires achèvent leur sinistre mission. Landois est condamné à mort et pendu au gibet de Biesse. Les seigneurs n'osèrent ni le traîner sur la claie au supplice, ni confisquer ses biens.

Ainsi périt Pierre Landois. Hardi et sans scrupule, il avait servi François II avec un dévouement absolu. Son administration n'avait pas été sans reproche, même dans les finances. Nous avons remarqué nous même, en parcourant les comptes des miseurs de Rennes, des traces de ses malversations. Par son ardeur vindicative contre le chancelier Chauvin, par ses exécutions arbitraires, il s'était rendu odieux. Le témoignage unanime des historiens du xv⁰ siècle, la haine générale qu'il inspirait, ne permettent pas d'accepter la réhabilitation de ce personnage, essayée par M. de Carné. Reconnaissons toutefois

15

qu'en le jugeant, en le faisant périr, ses ennemis ne consultèrent que leurs rancunes, et ne tinrent aucun compte des lois de leur pays.

Après sa mort, les seigneurs rebelles exilèrent son neveu Jacques Guibé et ses principaux agents. Ils rendirent aux enfants de Guillaume Chauvin les biens de leur famille. Le 12 août, le duc publia une ordonnance qui flétrissait l'administration de Pierre Landois, et justifiait le complot de la Pabotière. Tous les seigneurs rebelles recouvraient leurs biens et recevaient complète rémission[1]. Le gouvernement breton, en changeant de mains, changea de politique. Les ennemis du grand trésorier ne pouvaient combattre les Beaujeu qui les avaient secourus dans leur détresse. Ils conclurent, au nom de François II, le traité de Bourges avec Charles VIII. Le duc promettait de servir le roi contre tous ses ennemis, sans nul excepter. Le roi s'engageait à maintenir les droits du duc et du duché et à le protéger contre tout ennemi étranger[2].

La chute de Pierre Landois fut fatale à Richard III et au duc d'Orléans. Richard III fut vaincu et tué par Henri Tudor à Bosworth. Quant au duc d'Orléans, il s'obstina à reprendre les armes. Accablé avant d'avoir reçu les secours de ses alliés, il fut forcé de se soumettre en septembre. Dunois fut exilé pour un an à Asti. La première coalition féodale formée contre Charles VIII était vaincue.

1. Act. de Bret. m, 471. — 2. Act. de Bret. m, 480.

CHAPITRE VII.

Le Gouvernement breton après la paix de Bourges.

LE TRIUMVIRAT. — NOUVELLE COALITION FÉODALE. — LE DUC D'ORLÉANS EN BRETAGNE ; RUPTURE DU TRIUMVIRAT. — CAMPAGNE DE GUYENNE ; TRAITÉ DE CHATEAUBRIANT. — GUERRE DE BRETAGNE, CAMPAGNE DE 1487 ; PRISE DE REDON, PLOERMEL, VANNES, AURAY. — DÉFECTION DU MARÉCHAL DE RIEUX ; PERTE DES PLACES CONQUISES. — CAMPAGNE DE 1488, PRISE DE CHATEAUBRIANT, ANCENIS, FOUGÈRES ; BATAILLE DE SAINT-AUBIN-DU-CORMIER. — TRAITÉ DU VERGER ; MORT DE FRANÇOIS II.

1485-1488

Depuis la mort de Pierre Landois, le gouvernement breton est aux mains d'un triumvirat composé du maréchal de Rieux, de Lescun et du prince d'Orange. Les deux derniers sont au service du gouvernement français, et entretiennent une correspondance secrète avec les Beaujeu [1]. Les relations de François II avec Charles VIII semblent des plus cordiales. Au mois de janvier 1486, le duc envoie au roi un présent de chevaux. Ayant envoyé une ambassade en Angleterre pour conclure une trève marchande, il fait porter au roi par son héraut Epi le double des instructions données à ses ambassadeurs [2]. Cependant aucun des anciens différends n'a été réglé. Ce qu'il y a de

1. Godefroy, 506. — 2. Arch. de la Loire-Inf., E. 106.

plus grave, c'est que le roi prend toujours au sérieux les droits de la maison de Blois. Jean de Bresse étant mort en octobre 1485, il fait renouveler la cession faite par Nicole de Blois à Louis XI. François II, inquiet, envoie au conseil une copie de la contre-lettre de Jean de Penthièvre. Le conseil refuse de la recevoir.

Il était évident que la paix n'était qu'une trève, et qu'il allait se préparer à défendre un jour les filles de François II. Les conseillers du duc ne manquèrent pas à ce devoir. Les Etats réunis à Nantes votèrent le 22 septembre 1485 la création du Parlement de Bretagne. L'ordonnance où le duc sanctionna cette loi est remarquable par la vigueur avec laquelle il proclame l'indépendance de son duché. et « ses pouvoirs royaux et ducaux [1]. » Les Etats se réunirent de nouveau à Rennes le 8 février 1486. A la suite d'un beau discours du chancelier Chrétien , ils reconnurent et confirmèrent les droits d'Anne et Isabeau de Bretagne à la succession de leur père [2].

C'était là une manifestation nationale qui ne pouvait avoir de valeur que si la Bretagne avait des alliés capables de la protéger. Il était impossible de compter sur le roi d'Angleterre encore mal affermi. Le gouvernement breton se borna à conclure avec lui un traité de commerce [3]. Il était plus facile de s'entendre avec Maximilien, exaspéré de ce que les Beaujeu soutenaient la démagogie flamande et le sanglier des Ardennes. Il finit par détruire le sanglier des Ardennes, et par renverser les agitateurs qui lui disputaient la tutelle de son fils Philippe le beau. Il reçut avec bonheur deux ambassadeurs bretons, Antoine de Longueil et Guy de Langalla , et jeta avec eux les bases d'une alliance , que devaient cimenter

1. Act. de Bret. III, 478. — 2. Act. de Bret. III, 472 et 500. — 3. Act. de Bret. III, 508.

son mariage avec Anne de Bretagne, et celui de son fils avec la princesse Isabeau [1].

Il y avait là le germe d'une nouvelle coalition féodale. Maximilien n'attendit même pas qu'elle fût organisée pour envahir l'Artois. Repoussé par le maréchal d'Esquerdes, il adressa le 31 juillet au roi, au Parlement, à l'Université et aux bourgeois de Paris de violents manifestes, dans lesquels il accusait l'inexpérience de Charles VIII, la politique de ses conseillers, et demandait la convocation des États généraux [2]. Il envoya une copie de ses lettres au duc de Bretagne, qui avertit le roi, en appuyant les demandes de l'archiduc [3]. Charles VIII répondit à Maximilien avec énergie, en lui reprochant le ton de sa lettre et son agression en Artois [4]. L'archiduc avait espéré un soulèvement général contre les Beaujeu. Mais leur autorité était plus solide que jamais.

La Cour apprit à Compiègne que le duc de Bretagne était tombé dangereusement malade. Elle se transporta aussitôt en Touraine pour faire valoir les droits de Charles VIII, si François II venait à mourir. Ce voyage inspira au gouvernement breton les plus vives alarmes. Le duc se rendit à Clisson et y convoqua toute sa noblesse. Il ordonna de fortifier toutes les places de la frontière [5]. En même temps, Lescun, Dunois et le prince d'Orange organisaient une coalition féodale. Dunois quitta sa résidence d'Asti, et se rendit à Parthenay en avertissant le gouvernement breton de son retour [6]. Charles VIII, convaincu que son seul but était de se concerter avec le duc de Bretagne, lui défendit de séjourner à Parthenay. Dunois brava cette défense [7]. Le duc de son côté continuait

1. Act. de Bret. III, 528. — 2. Doc. inéd. Ch. Fig. 463. — 3. Act. de Bret. III, 530 — 4. Doc. inéd. Ch. Fig. 467. — 5. Arch. de la Loire-Inf. Reg. de la Chancell. 1486, f° 10 r°, 13 v°. — 6. Act. de Bret. III, 533. — 7. Jaligny.

les préparatifs militaires, et obtenait des Etats un subside [1].

Charles VIII, pour le sonder, envoya à Nantes l'archevêque de Bordeaux André d'Epinay, et le sire de Bouchage, avec mission d'inviter François II à rompre toute
relation avec Maximilien, et à soutenir le roi contre ce
prince. Le duc leur répondit que, vu l'importance des
matières qu'il lui avaient soumises, il consulterait aucuns
grands personnages de son pays, et ferait porter sa réponse au roi par une ambassade [2]. En réalité, il attendait
la conclusion de la ligue féodale qui achevait de s'organiser, dans le but avoué d'assurer aux filles de François
II la succession de Bretagne, et de renverser les Beaujeu.
Comme les coalitions précédentes, elle réclamait la convocation des Etats généraux, elle alléguait les désordres
des finances et les abus de l'administration. Dès le mois
de décembre, les princes confédérés envoyèrent leurs scellés au duc de Bretagne. Le duc d'Orléans donna l'exemple le 15 décembre. Son scellé est un véritable manifeste
dans lequel il expose nettement le but de la coalition. Les
déclarations d'Alain d'Albret, de Dunois, du duc de Lorraine étaient rédigées dans les mêmes termes [3]. Le 22 décembre, le prince d'Orange, le maréchal de Rieux et
Françoise de Dinan, comtesse de Laval, adhérèrent à la
coalition [4]. Les dernières adhésions furent celle du comte
d'Angoulême, datée de Cognac le 10 février 1485, et celle
du roi des Romains, Maximilien d'Autriche, datée de
Bruges le 16 mars 1486 (v.s) [5]. Les Bénédictins ont cru
que cette pièce était datée du 16 mars 1485 (v.s.), et en
ont fait un traité particulier d'alliance entre François II et

1. Arch. de la Loire-Inf. Reg. de la chancell. 1486, fº 33, vº.
— 2. Act. de Bret., III, 528. — 3. Arch. de la Loire-Inf. E. 102.—
4. Arch. de la Loire-Inf. E. 102. — 5. Arch. de la Loire-Inf.
E. 101.

Maximilien. Le doute est d'autant moins permis sur cette question, que le scellé de Maximilien se trouve en deux expéditions dans le trésor des chartes de Bretagne [1].

Rassuré par les adhésions qui se multipliaient autour de lui, le gouvernement breton repoussa avec respect les demandes du roi. Le 31 décembre, le duc envoya ses ambassadeurs à Amboise. Il reconnaissait avoir songé à une alliance de famille avec le roi des Romains ; mais son intention a toujours été de consulter le roi sur ce sujet. Il prescrit à ses ambassadeurs d'éluder les demandes du roi relativement à la rupture des relations commerciales avec les Pays-Bas. Il respectera le traité de Bourges, si le roi le respecte de son côté. Il engage le roi à convoquer les États généraux. Il ordonne à ses ambassadeurs de rappeler au gouvernement français la vanité des droits de la maison de Blois et de se plaindre de ce que plusieurs personnages calomniaient le comte de Dunois [2]. Bientôt même, il leur écrivit de protester formellement et avec menace contre l'attitude de la cour à l'égard du comte [3]. Lescun et le prince d'Orange, dans leur correspondance avec les Beaujeu, conseillaient également de ménager Dunois. Ils continuaient à protester de leur dévouement. Les Beaujeu recevaient leurs avis sans croire à leur sincérité [4].

Le duc d'Orléans était toujours dans sa ville d'Orléans, entouré d'intrigants, et en correspondance active avec Dunois et la cour de Bretagne. Le roi le manda à Amboise, et chargea le maréchal de Gié de l'arrêter au besoin. Le duc se déroba au maréchal, partit d'Orléans le 12 janvier, et se retira en Bretagne [5]. Le prince d'Orange se hâta d'avertir Charles VIII, en ajoutant que le duc d'Orléans

1. Arch. de la Loire-Inf. E. 125 et E. 102. — 2. Act. de Bret. III, 530. — 3. Act. de Bret. III, 533. — 4. Godefroy, 504 et 506. — 5. Jaligny.

n'avait aucune intention hostile [1]. Le duc avait à la cour
des amis, tels que Georges de Pompadour, évêque de
Périgueux, Georges d'Amboise, évêque de Montauban, et
Philippe de Commines, qui correspondaient avec lui et
songeaient à enlever le roi [2]. Le complot fut découvert,
et les meneurs arrêtés. On saisit en outre plusieurs agents
chargés de dépêches chiffrées, qui firent connaître au gouvernement français tous les secrets de la coalition [3].

Mieux organisée que celle de 1485, elle était cependant
moins redoutable que celles qui s'étaient formées contre
Louis XI. Elle ne pouvait espérer aucun secours étranger.
Ferdinand-le-Catholique et Henri Tudor étaient occupés,
l'un contre les Maures, l'autre contre l'imposteur Simnel.
Le roi des Romains était neutralisé aux Pays-Bas par le
maréchal d'Esquerdes [4]. En Bretagne même, le gouvernement était divisé. En décembre 1486, une vaste conspi-
ration avait failli éclater en Basse-Bretagne [5]. L'arrivée
du duc d'Orléans excita des défiances. Louis d'Orléans
fut forcé de déclarer solennellement qu'il ne songeait pas
à épouser Anne de Bretagne [6]. Le triumvirat se rompit.
Le duc n'écoutait plus que les étrangers, tels que le duc
d'Orléans, le prince d'Orange et Lescun. Les anciens ennemis de Landois se crurent menacés. Le comte de Laval,
le vicomte de Rohan et le baron d'Avaugour, fils naturel
de François II, se liguèrent pour défendre leurs intérêts
communs, et résolurent de chasser les seigneurs étrangers
devenus maîtres du gouvernement. Ils entrèrent en relation
avec le gouvernement français, et le baron d'Avaugour
reçut l'ordre de Saint-Michel [7]. Le maréchal de Rieux
s'unit aux mécontents.

Il y avait là des germes de discorde qu'il suffisait d'en-

. 1. Godefroy, 506. — 2. Saint-Gelais. — 3. Jaligny. — 4. Molinet. — 5 Arch. de la Loire-Inf. Reg. de la chancell., fo 83, vo.
— 6. Arch. de la Loire-Inf. E. 13. — 7. Godefroy, 504.

tretenir, sans que le gouvernement français eût besoin de
s'y mêler directement. Le plus sage était même de laisser
agir la noblesse bretonne et de cacher l'action de la France.
C'est ce que comprirent les Beaujeu. Ils résolurent de soumettre d'abord la Guyenne, où dominait Lescun. Il fallait
se hâter, avant qu'Alain d'Albret et le comte d'Angoulême
eussent achevé leurs préparatifs. Charles VIII partit de
Tours le 9 février, et se dirigea vers la Guyenne. Odet
d'Aydie, frère et lieutenant de Lescun, essaya vainement
de défendre Saintes et Blaye. Il fut forcé de se rendre et
de livrer toutes les places de son frère [1]. Les fiefs de Lescun
furent confisqués. Le comte d'Angoulême se soumit à
contre-cœur [2]. Dunois s'était multiplié pour entraver l'ex-
pédition, mais sans pouvoir décider ses alliés à la guerre [3].
Le roi revint vers le Nord, et marcha sur Parthenay.
Dunois réclama des secours au duc d'Orléans, qui ne put
rien faire pour lui [4]. Il fut réduit à se retirer en Bretagne,
et Parthenay capitula. La ville fut démantelée Le roi,
tout fier de ses succès, alla s'établir à Château-Gontier.

Le gouvernement breton avait essayé de défendre Dunois. François II voulut concentrer des troupes à Clisson.
Le baron d'Avaugour, seigneur de la ville, refusa de les
recevoir [5]. Le duc indigné, convoqua son armée pour châtier son fils rebelle ; ses ordres ne furent pas obéis [6]. Les
seigneurs rebelles, réunis à Châteaubriand, levaient des
troupes de leur côté, et armaient leurs vassaux [7]. Le duc
chargea le sire de Maupertuis de négocier avec eux : ils
demandèrent l'éloignement des princes et seigneurs étrangers, et gagnèrent le messager de François II. Le duc dans
sa détresse envoya une ambassade au roi, et demanda la

1. Lettre de Ch. VIII, citée par Leroux de Lincy, hist. d'Anne de
Bret. III, 175. — 2. Saint-Gelais. — 3. Godefroy, 507. — 4. Godefroy, 506. — 5. Arch. de la Loire-Inf. Reg. de la Chancell. 1487,
f° 175, v°. — 6. Ibid. f° 183, r°. — 7. Ibid. f° 182, r°.

paix. Il fut impossible de s'entendre, tant les prétentions du gouvernement breton parurent exorbitantes [1].

Les seigneurs rebelles, qui avaient repoussé les avances du duc de Bretagne, se montrèrent plus conciliants envers Charles VIII. Le roi chargea André d'Epinay et le sire du Bouchage de négocier avec eux. Il leur fit déclarer qu'il ne songeait pas à porter la guerre en Bretagne, que son seul but était d'empêcher le duc de secourir ses sujets rebelles, et que pour atteindre ce résultat, il offrait son appui aux seigneurs bretons. Quelques-uns objectèrent que le roi cherchait à conquérir la Bretagne, et qu'il serait fort imprudent de l'aider dans cette entreprise Les autres répondirent qu'on lui imposerait des conditions assez fortes pour sauvegarder les droits du pays [2]. Bref, les seigneurs conclurent avec Charles VIII le traité de Château-briand. Le roi n'enverra en Bretagne que 400 lances et 4,000 fantassins ; il ne fera point valoir ses prétentions sur le duché pendant la vie du duc ; ses soldats n'attaqueront ni le duc, ni les places où se trouvera le duc ; ils ne feront aucun siége sans l'autorisation du maréchal de Rieux ; le roi retirera ses troupes dès que les princes rebelles auront été chassés du pays [3]. Charles VIII accepta sans hésiter ce traité problématique, dont la réalité n'a d'autre garantie que les assertions d'Alain Bouchard et de Bertrand d'Argentré.

En tout cas, le gouvernement français comptait si bien conquérir la Bretagne, qu'Anne de Beaujeu se fit donner d'avance le comté de Nantes. Le roi ordonna de lever des francs-archers dans toutes les provinces [4]. Il contracta un emprunt sur les receveurs des finances de Normandie [5], et ajouta à la taille, fixée d'abord à 1,850,000 livres [6], une crue de 816,533 livres [7]. Le 4 mai, il s'établit à Laval,

1. Jaligny. — 2. D'Argentré. — 3. Al. Bouchard. — 4. Arch. nat. K. 73, 41. — 5. Ibid. K 73, 50. — 6. Ibid. K 73, 53. — 7. Ibid. K 73, 52 et 53.

pour surveiller le comte qui hésitait, et contenir la population, qui montrait une ardente sympathie pour les Bretons [1]. Trois corps d'armée entrèrent en Bretagne sous le comte de Montpensier, le sire de Saint-André et Louis de La Trémoille. Leur effectif dépassait de beaucoup le chiffre fixé par le traité de Châteaubriand.

Les seigneurs bretons avaient déjà commencé les hostilités à l'ouest de Vilaine. Ils avaient saisi les recettes publiques, pris Redon et Guéméné. L'armée française ne tarda pas à les rejoindre, pendant que les capitaines fidèles au duc concentraient leurs forces à Malestroit. François, laissant à Nantes le prince d'Orange, se rendit à Rennes avec le duc d'Orléans, Lescun et Dunois. L'armée française commença le siège de Ploermel. L'armée bretonne, forte de 500 lances et de 16,000 fantassins, reçut l'ordre de délivrer la place. Elle allait se mettre en marche, quand Maurice du Mené, capitaine des archers de la garde, répandit la consternation en disant qu'ils étaient trahis par les seigneurs français qui entouraient le duc. L'armée se débanda, et il fut impossible de délivrer Ploermel. La ville succomba après trois jours de canonade, et fut pillée par les vainqueurs [2].

Le duc et son escorte, qui s'étaient transportés à Malestroit, se retirèrent précipitamment à Vannes, poursuivis par l'armée française. Le prince d'Orange vint à leur secours avec une petite escadre armée à Guérande. Ils se hâtèrent de s'embarquer pour retourner à Nantes, sans même prendre avec eux leurs bagages. Jean de Coetquen quitta la ville avec Amaury de la Moussaie et 2,800 cavaliers, et se dirigea à marches forcées vers Dinan, dont il était capitaine. Le gouverneur de Vannes Jacques Lemoine, n'avait plus que des fantassins démoralisés. Il se

1. Al. Bouchard. — 2. Jaligny.

rendit, et ses soldats s'enrôlèrent dans l'armée des seigneurs.

Le vicomte de Rohan avec un fort détachement se dirigea vers le nord, invitant les populations à s'unir à lui
pour chasser les princes et seigneurs français. Les villes
de Lannion et Tréguier se placèrent sous sa sauvegarde [1].
Mais Guingamp refusa de le recevoir dans ses murs [2].

Encouragé par le succès, le gouvernement français résolut d'assiéger Nantes. Notre armée s'établit le 15 juin
devant la ville, et commença la canonnade le 19. Jean de
Coëtquen envoya au secours du duc Armaury de la
Moussaie avec les cavaliers qu'il avait conduits à Dinan.
Quand cette division passa à Rennes, le chancelier Philippe de Montauban se mit à sa suite avec quelques
troupes. En arrivant à Joué, les deux chefs furent cul-
butés par Adrien de l'Hôpital. Tous leurs soldats furent
pris ou tués, excepté environ six cents qui se réfugièrent
à Nantes.

La cour se plaça à Angers pour veiller à l'approvisionnement des troupes. L'armée se partagea en deux divisions, dont l'une occupait la rive gauche de la Loire,
l'autre était établie à l'est, de l'Erdre à la Loire. Il aurait fallu à l'ouest de l'Erdre un troisième corps, mais
on n'avait pas assez de troupes pour investir complètement la ville. Nantes était bien armé et bien approvi-
sionné [3]. Le duc ordonna d'équiper une flotte pour ravi-
tailler la place [4]. Il mobilisa toutes les forces militaires de
la province en invitant ses vassaux à venir le délivrer [5].
Sur le conseil de Dunois, il appela Alain d'Albret à son
secours, et lui promit la main de sa fille [6]. Le sire d'Al-

---

1. Act. de Bret. III, 544. — 2. Act. de Bret. III, 546. — 3. Arch.
de la Loire-Inf. Reg. de la Chancell. 1487. f° 212, v° et 213 r°. —
4. Ibid. f° 213 et 215. — 5. Ibid. f° 215, 216. — 6. Al. Bouchard.

bret leva des troupes, et prit la route de Bretagne. Arrivé à Nontron, il fut arrêté par le comte de Candale [1], forcé de licencier ses soldats, et d'implorer la clémence du roi [2]. Juin 1487.

Le gouvernement breton effrayé s'adressa aux rois d'Espagne, d'Angleterre et au roi des Romains. Henri Tudor, qui venait de vaincre Lambert Simnel, se borna à offrir la médiation à Charles VIII et à François II [3]. Dunois résolut de se rendre lui-même en Angleterre, dans l'espoir d'obtenir une intervention militaire. Il traversa péniblement la Bretagne, et s'embarqua à Saint-Malo. La tempête le ramena trois fois à la côte [4]. Le roi des Romains envoya au secours de François II un corps de 1,500 hommes qui arrivèrent à Saint-Malo au mois de juillet, sous les ordres du bâtard Baudoin de Bourgogne. Dunois prit le commandement des soldats de Maximilien, les réunit avec les troupes bretonnes qui s'étaient organisées à Rennes et en Basse-Bretagne, et les conduisit à Nantes, où il entra sans que l'armée française pût l'arrêter.

Le siége de Nantes durait depuis plus de six semaines sans résultats. Les seigneurs bretons, qui n'avaient jamais approuvé cette entreprise, autorisaient secrètement leurs vassaux à déserter. L'armée, réduite à environ 6,000 hommes se retira le 2 août et s'arrêta à Joué pour se reposer. Le roi alla encourager ses soldats, et convoqua les seigneurs bretons à Châteaubriand pour délibérer sur les opérations futures. Il décida non sans peine le comte de Laval à lui livrer Vitré et à le reconnaître comme son souverain seigneur [5]. Il accorda divers priviléges aux habitants de Vitré [6]. Il séjourna un mois dans la ville et s'établit ensuite à Laval, où il demeura jusqu'au 22 oc-

1. Arch. nat. J. J. 219, f° 117, v°. — 2. Jaligny. — 3. Bacon. — 4. Al. Bouchard. — 5. Jaligny. — 6. Arch. nat. J. J. 217, f° 56., r°.

tobre. L'armée française occupa presque sans résistance Saint-Aubin-du-Cormier et Dol, qui n'avaient que des garnisons insuffisantes. Une division pénétra en Basse-Bretagne et s'empara d'Auray. Les Bretons réussirent à défendre Guingamp et Hennebon.

Mais leurs ressources s'épuisaient ; le découragement pénétrait partout. Personne ne comprenait pourquoi le duc s'obstinait à défendre le duc d'Orléans. Le prince d'Orange avait entrepris le siége de La Chèze, place qui appartenait au vicomte de Rohan : son armée se débanda aux approches de l'hiver [1]. Une émeute éclata à Nantes, où la garde même du duc voulut massacrer Louis d'Orléans et Dunois [2]. Sur terre, les garnisons françaises rançonnaient les campagnes : sur mer, les corsaires normands ruinaient le commerce et bloquaient les côtes [3]. Le trésor était vide, et le duc réduit aux emprunts forcés sur toutes les classes de la nation [4]. Pour intéresser plus fortement Maximilien à sa cause, il signa le 23 septembre une promesse de marier avec lui Anne de Bretagne, et avec l'archiduc Philippe, la princesse Isabeau. Il invitait le roi des Romains à débarquer en Bretagne avec une armée, et s'engageait à lui remett... gage la ville de Saint-Malo. Aussitôt après son arr..., le duc fera célébrer le mariage et le fera reconnaître par les États comme mari et bail de sa fille aînée [5].

En attendant, le danger pressait : le gouvernement breton essaya d'obtenir la paix. Il envoya au roi une ambassade dirigée par Lescun. Charles VIII reçut les ambassadeurs bretons à Pont-de-l'Arche, le 10 décembre. Toutes leurs propositions furent rejetées comme impertinentes et déraisonnables [6]. Entre Charles VIII et François II il n'y avait

1. Arch. de la Loire-Inf. Reg. de . Chancell. 1487-88, f° 90, r°. — 2. Ibid. f° 66, r°. — 3. Ibid. f° 78. v°. — 4. Ibid. f° 49, 58. — 5. Arch. de la Loire-Inf. E. 14. — 6. Juligny.

pas de conciliation possible. La réunion de la Bretagne à la France était une nécessité à laquelle le duc ne pouvait se résigner. Le roi de son côté avait obtenu trop de succès pour se contenter d'un compromis qui n'aurait pas résolu la question.

Si Lescun échoua auprès de Charles VIII, il réussit du moins à regagner le maréchal de Rieux qui, déjà mécontent du siége de Nantes, envoya un de ses officiers déclarer au roi que les princes français allaient quitter la Bretagne. Il invita en conséquence Charles VIII à rappeler ses troupes. L'envoyé du maréchal fut très rudement accueilli par Madame de Beaujeu [1]. Jean de Rieux se trouvait alors à Ancenis. Il se réconcilie aussitôt avec le duc, marche sur Châteaubriand, et en chasse la garnison française Il recouvre ses biens et ses honneurs [2], et partage le commandement de l'armée avec le prince d'Orange [3]. Le gouvernement breton reprend courage, et mobilise toutes les milices [4] Les capitaines décident de reconquérir d'abord les places occupées par les Français à l'ouest de la Vilaine. Le 3 mars 1488, ils s'emparèrent de Vannes après cinq jours de siége [5]. Les garnisons d'Auray et de Ploërmel et les places du vicomte de Rohan se trouvent dès-lors fort compromises.

Le roi était encore à Paris. Il cita les ducs d'Orléans et de Bretagne devant le Parlement de Paris, comme coupables de lèse majesté. Il se rendit ensuite à Tours, où il arriva le 8 mars. L'armée se réunissait à Pouencé sous les ordres de Louis de La Trémoille, alors âgé de vingt-huit ans. Elle comprenait 10 000 Français, auxquels s'ajoutèrent bientôt 5,000 Suisses. L'amiral de Graville assurait le recrutement et les approvisionnemeuts. Le roi

1. Al. Bouchard. — 2. Arch. de la Loire-Inf. Reg. de la chanc. 1487, fo 82, ro. — 3. Ibid. fo 80, vo. — 4. Ibid. fo 80, ro. — 5. Jaligny.

leva un nouvel emprunt en Normandie [1]. Le duc de son
côté fit voter par les Etats un fou ge de 6 livres par feu,
soit environ 220,000 livres bretonnes, valant environ
280,000 livres tournois [2].

La perte de Vannes avait consterné la Cour. Le roi,
les Beaujeu, l'amiral Graville pressaient La Trémoille
d'entrer en campagne, et de dégager le vicomte de Rohan [3]. Le général français résistait à leurs instances, et
évitait de s'engager avant d'avoir achevé l'organisation
de son armée. Assiégé à la fois dans toutes les places, le
vicomte fut forcé de conclure le 26 mars une véritable
capitulation [4], en vertu de laquelle il n'obtenait l'autorisation de se rendre auprès du roi qu'à condition de revenir dans deux mois ; il laissait sa femme et son fils aîné
en ôtages ; s'il ne revenait pas, le duc occupait ses places [5]. Les garnisons françaises reçurent un sauf-conduit
pour rejoindre l'armée du roi [6].

Charles VIII perdit ainsi les places conquises en 1487.
Elles avaient été faciles à conquérir, à cause de la révolte
des seigneurs bretons. La réconciliation des seigneurs avec
le duc les rendait difficiles à garder. La lutte s'engageait
donc en 1488 dans de nouvelles conditions La Bretagne
était unie, mais sans allié. Elle avait à lutter contre ,tou-
tes les forces de la monarchie française.

La Trémoille avait achevé l'organisation de son armée,
et réuni une magnifique artillerie Il proposa au roi d'assiéger Châteaubriand. La place avait une garnison de
1,200 hommes sous Odet d'Aidie, frère de Lescun. L'armée française parut le 15 avril devant la ville. En trois
jours elle ouvrit une brèche. Odet voulait résister encore,

1. Arch. nat. K 74, 5. — 2. Arch. de la Loire-Inf. Reg. de la
chancell., 1488 f° 111, v°. — 3. Correspondance de Ch VIII avec
La Trém. lettres 15, 21, 22. — 4. La Borderie, Louis de La
Trém. et la guerre de Bret. — 5. Arch. de la Loire-Inf. Reg. de la
chancell. 1486, f° 134, v°. — 6. Ibid. f° 152, r°. — 7. Jaligny.

ses soldats mutinés le forcèrent de capituler le 23 avril.
La ville fut démantelée par ordre du roi. La Trémoille se
porta ensuite sur Ancenis, dont il s'empara le 19 mai. Il
songeait à assiéger Fougères, la plus forte place du duché
après Nantes. Mais il fut retardé par des considérations
politiques qui forcèrent le roi de conclure un armistice.

Convaincu de sa faiblesse, s'il restait isolé, le gouvernement breton cherchait partout des alliés. Il regagna
facilement Alain d'Albret, qui réunit des troupes pour
se rendre en Espagne. Arrêté par les officiers du roi, et
retenu en Guyenne, il se rendit en Espagne, obtint de
Ferdinand Le Catholique un millier d'auxiliaires sous
Mosen Gralla, et débarqua en Bretagne vers le mois d'a-
vril avec quatre ou cinq mille hommes [1].

François II envoya divers ambassadeurs demander des
secours plus importants au roi d'Espagne et au roi des
Romains. Maximilien était tout disposé à une action efficace ; mais les habitants de Bruges se saisirent de sa personne, et le retinrent trois mois et demi en captivité.
Relâché au mois de mai, il eut à combattre la démagogie flamande, que soutenait le maréchal de Gié [2]. Cette
guerre occupait toutes les forces du roi des Romains.
Charle VIII n'avait rien à craindre de ce côté. La situation était moins rassurante en Angleterre. Henri VII,
offrit de nouveau sa médiation à Charles VIII, et envoya
trois ambassadeurs négocier la paix [3]. Les Anglais se
prononçaient énergiquement en faveur de la Bretagne, et
ord Scalles, oncle de la reine, équipa secrètement dans
l'île de Wight des volontaires destinés à secourir François II. Le duc arma dix navires qu'il envoya prendre
le détachement de lord Scalles [4]. Henri VII défendit sous

1. Ach. nat. J. J. 219 fᵒ 117, vᵒ. — 2. Molinet. — 3. Act. de
Bret. III, 581. — 4. Arch. de la Loire-Inf. Reg. de la Chancell. 1488.
fᵒ 159, vᵒ.

peine de la hart à tout Anglais de partir sans son autorisation [1]. Lord Scalles ne put réunir que 700 hommes,
avec lesquels il débarqua à Saint-Malo vers la fin de
mai. Le vicomte d'Aunay, gouverneur de Dol, lui dressa
une embuscade, où lord Scalles perdit près de 300
hommes [2]. Les Anglais arrivèrent le 5 juin à Rennes [3].

La nécessité de ménager l'Angleterre, et la présence
même des médiateurs anglais, décidèrent le gouvernement
français à un armistice du 1er au 15 juin. La trève fut
prolongée successivement jusqu'au 6 juillet. Pendant ce
temps, ou essaya vainement de conclure un traité de
paix. Les médiateurs anglais à leur retour déclarèrent à
Henri VII que la paix était impossible, que le roi n'en
voulait pas, et que la Bretagne était incapable de se défendre [4].

Pendant l'armistice, les troupes françaises avaient été
maintenues au grand complet et accrues de 2,000 Suisses [5].
Le gouvernement breton avait obtenu des Etats un fouage
de 63 s. 6 d. par feu, et un emprunt de 207,000 l. sur
les trois ordres de la nation [6]. L'armée qui s'était disper-
sée fut convoquée pour le 3 juillet [7]. Le 12 juillet, La
Trémoille parut devant Fougères, que défendait une garnison de 3,000 hommes. La place fut forcée de se rendre
le 19.

L'armée bretonne s'était réunie à Rennes, convaincue
que Fougères tiendrait long-temps [8]. Elle avait à sa tête
le maréchal de Rieux, Alain d'Albret, le duc d'Orléans,
le prince d'Orange. Dunois était allé négocier avec Charles VIII. Les chefs étaient d'ailleurs divisés; les uns
voulaient marier Anne de Bretagne avec Alain d'Albret;

1. Corresp. de Ch. VIII, 93. — 2. Ibid. 106. — 3. Arch. de
Rennes, 21. — 4. Bacon. — 5. Corresp. de Ch. VIII, 145. —
6. Arch. de la Loire-Inf. Reg. de la chancell.1 1488, f° 231, r°. —
7. Ibid. f° 216, r°. — 8. Jaligny.

le duc d'Orléans et le prince d'Orange préféraient le roi des Romains. Ils tinrent conseil pour savoir s'ils livreraient bataille afin de délivrer Fougères, dont ils ignoraient la chute. Le maréchal de Rieux était d'avis d'éviter une bataille. Ce sage conseil fut rejeté par les autres chefs [1].

L'armée partit de Rennes. Le maréchal de Rieux et le duc d'Orléans se portèrent sur Dinan, ce qui décida La Trémoille à rappeler la garnison de Dol, forte de 1,200 hommes. Les deux chefs revinrent à Andouillé, où se trouvait le reste de l'armée bretonne. Le lendemain, 24 juillet, il y eut une revue générale de toutes les forces militaires réunies : elles comprenaient 8,000 fantassins bretons, espagnols et béarnais, 300 anglais, 800 cavaliers allemands, 380 lances soit environ 1,200 cavaliers bretons, et une excellente artillerie. L'effectif total était donc d'environ 10,500 hommes, auxquels s'ajoutèrent le 26 juillet près de 3,000 hommes, formant la garnison de Fougères. Pendant la nuit du 24 au 25 juillet, une altercation violente s'éleva entre Alain d'Albret et le duc d'Orléans. Le 26, en apprenant la perte de Fougères, les chefs résolurent d'aller assiéger St-Aubin du Cormier. Pour rassurer les soldats bretons, dont rien ne pouvait vaincre la défiance, le duc d'Orléans et le prince d'Orange furent forcés de renoncer à tout commandement et de se mettre à pied parmi les auxiliaires allemands [2].

Le 28 juillet, l'armée partit en trois divisions pour se porter sur St Aubin du Cormier : à l'avant-garde était le maréchal de Rieux ; au centre, Alain d'Albret ; à la réserve, le sire de Châteaubriand. L'avant-garde comprenait les anglais de lord Scalles, avec 1,700 soldats bretons, qui prirent la croix rouge, pour faire croire que les An-

glais étaient plus nombreux [1]. En arrivant à Orange, les
Bretons aperçurent l'armée française, qui arrivait en ordre
de marche, forte de 15,000 hommes ; à l'avant-garde,
Adrien de l'Hôpital ; au centre, La Trémoille ; à la réserve,
Baudricourt. Les Bretons étaient en ordre de bataille :
à leur droite, le maréchal de Rieux ; à gauche, Alain
d'Albret ; sur les ailes, l'artillerie et les bagages ; en
réserve Châteaubriand et les vivandiers. Le maréchal de
Rieux voulait attaquer sans retard, mais il ne put entraîner les autres chefs. La Trémoille eut le temps de
ranger son armée en bataille et de faire creuser devant
ses troupes un large fossé [2]. Le maréchal de Rieux chargea
avec vigueur la division d'Adrien de l'Hôpital et la fit
reculer. Le capitaine allemand Blair, gêné par le feu de
notre artillerie, s'écarta pour se mettre à couvert et ouvrit
une trouée dans la ligne ennemie. Jacques Galiot s'y pré-
cipite aussitôt avec 600 cavaliers d'élite et achève de percer
la ligne bretonne. Il périt à la tête de ses troupes [3]. Ses
lieutenants continuent sa manœuvre hardie, culbutent les
vivandiers et la réserve [4]. L'explosion d'un dépôt de poudre
dans le bois de la haute Sève, à l'ouest, achève de bou-
leverser l'armée ennemie [5]. La déroute devient générale ;
la cavalerie prend la fuite ; le maréchal de Rieux se retire
à Dinan ; les Anglais et les Bretons portant la croix
rouge sont massacrés. Le prince d'Orange et le duc
d'Orléans sont faits prisonniers. Les Bretons perdent
6,000 hommes ; les Français, 1,400 [6].

Après la victoire, La Trémoille envoie un héraut
sommer la ville de Rennes, qui refuse de se rendre [7]. Il
occupe Dinan sans résistance, et marche sur St-Malo,

1. Jean Bouchet. — 2. Godefroy, 273. — 3. Jaligny. —
4. D'Argentré. — 5. Defrey. — 6. Pour ce récit, Al. Bouchard,
d'Argentré, Jaligny, Bouchet, Molinet, Defrey, Godefroy, le Bénédictins, La Borderie, Ogée, diction de Bretagne.— 7. Al. Bouchard.

place très forte, où les plus riches familles ont déposé leurs richesses [1]. La ville se rend, abandonnant tout ce dépôt au vainqueur.

A la nouvelle du désastre de St-Aubin du Cormier, Dunois et Lescun, qui négociaient toujours à Angers, retournèrent en Bretagne pour demander de nouvelles instructions. Le gouvernement français songeait à conquérir entièrement le duché. Le chancelier Guillaume de Rochefort combattit énergiquement ce projet, comme dangereux et impolitique, et montra que mieux valait discuter amiablement les droits du roi. En réalité, le plan des Beaujeu était déjà arrêté : c'était de marier le roi avec l'héritière de Bretagne. Dunois et Lescun revinrent au mois d'août. On conclut d'abord le 14 août un armistice de quatre jours [2]. On ouvrit des conférences au Verger, près d'Angers. La paix fut conclue le 20 août. Le duc renverra tous ses auxiliaires étrangers sans que ni lui, ni ses successeurs en puissent appeler d'autres. Il ne pourra marier ses filles que du consentement du roi. Cette condition sera garantie par les États et les bonnes villes, passibles d'une amende de 200,000 écus d'or, en cas de parjure. Le roi laissera garnison à St-Aubin du Cormier, Dol, Fougères, Dinan, St-Malo, et restera maître de ces places et de leur dépendance, si les filles du duc se marient contre son gré [3].

François II ratifia le traité à Coiron, près de Nantes, et mourut le 9 septembre, laissant au maréchal de Rieux la tutelle de ses filles et la garde de leur personne à la comtesse douairière de Laval. Ses plénipotentiaires n'avaient pu obtenir du roi la grâce du duc d'Orléans et

1. Jaligny. — 2. Corresp. de Ch. VIII, 188. — 3. Act. de Bret. III, 593.

des autres seigneurs. Avant de mourir, il chargea tous ses serviteurs de la demander de nouveau [1]. Le roi fut touché de cette prière. Il accorda des lettres de rémission à Lescun, Dunois et Alain d'Albret, à condition qu'ils sortiraient de Bretagne [2].

1. Arch. nat. J. J. 219, fo 116, vo. — 2. Arch. nat. J. J. 219 fo 121, vo.

CHAPITRE VIII.

La Bretagne après la mort de François II.

EXIGENCES DU GOUVERNEMENT FRANÇAIS ; GUERRE EN BASSE-
BRETAGNE. — RUPTURE D'ANNE DE BRETAGNE AVEC LE MARÉCHAL
DE RIEUX. — INTERVENTION DE MAXIMILIEN D'AUTRICHE ; TRAITÉS
DE FRANCFORT ET D'ULM. — RÉCONCILIATION DU MARÉCHAL DE
RIEUX AVEC LA COUR DE RENNES ; COALITION CONTRE LA FRANCE ;
MARIAGE DE LA DUCHESSE AVEC MAXIMILIEN. — ACTIVITÉ DU
GOUVERNEMENT FRANÇAIS ; SIÈGE DE RENNES ; RÉVOLTE DE LA
GARNISON ; TRAITÉ DE RENNES. — MARIAGE D'ANNE DE BRETAGNE
AVEC CHARLES VIII.

1488-1491.

Après la mort de François II, le maréchal de Rieux fit
sanctionner par le grand conseil l'article du testament ducal
qui lui conférait la régence. Il se retira à Guérande avec
la duchesse, à cause d'une épidémie qui sévissait à Nantes.
Il envoya au roi une ambassade pour lui faire connaître
les derniers vœux de François II. Le roi de son côté réclama du gouvernement breton trois garanties : 1° l'administration du duché et la tutelle des deux princesses, ses
parentes ; 2° comme il avait lui-même des droits sur la
Bretagne, il demandait qu'aucune des deux princesses ne
prît le titre de duchesse, ni n'exerçât aucun des droits de
la souveraineté, avant qu'une commission d'arbitres eût
examiné leurs droits respectifs ; 3° il insistait sur le renvoi
des auxiliaires étrangers, conformément au traité du Ver-

ger. Le gouvernement breton répondit que la duchesse allait convoquer les États pour ratifier le traité du Verger ; qu'elle observerait scrupuleusement ce traité, mais qu'elle n'y voulait opérer aucun changement [1].

En somme, le gouvernement français réclamait des garanties pour assurer l'exécution du traité du Verger, et pour empêcher le mariage d'Anne de Bretagne avec un prince étranger ou hostile. Le gouvernement breton se retranchait derrière le traité du Verger, pour assurer son indépendance. Les exigences de Charles VIII excitaient la défiance de la cour de Guérande, comme la résistance de cette cour provoquait l'inquiétude du gouvernement français. Dans de telles conditions, le maintien de la paix était impossible. La France avait d'ailleurs intérêt à poursuivre ses premiers succès, sans laisser à ses ennemis le temps de se reconnaître.

Le gouvernement français affecta d'abord de cacher ses coups. Il se contenta de laisser le champ libre au vicomte de Rohan, qui réclamait le duché du chef de sa femme, fille du duc François Ier. Il proposait de marier ses fils avec les deux princesses Anne et Isabeau. Dès l'année 1487, Charles VIII lui avait promis que s'il n'épousait pas lui-même Anne de Bretagne, il ne permettrait pas que la duchesse prît un autre époux qu'un fils du vicomte. Les Beaujeu lui avaient donné la même assurance [2]. Encouragé par le gouvernement français, Jean de Rohan se mit en campagne au mois de septembre et chercha de nouveau à séduire les habitants de Guingamp, qui refusèrent de lui livrer leur ville [3]. Mais il reçut le commandement de l'armée royale, prit Pontrieux et Châteaulin sur Trieux, et revint sur Guingamp, dont il commença le

1 Act. de Bret. III, 611. — 2. Act. de Bret. III, 639. — 3. Act. de Bret. III, 608.

siège en 1489, au mois de janvier. Malgré l'héroïsme des deux capitaines Mérien Chéro et Goviquet, la ville se rendit le 12 janvier.

La prise de Guingamp ouvrait aux troupes françaises la Basse-Bretagne. Le roi se croyait autorisé à continuer la guerre, parce que le gouvernement breton n'avait pas renvoyé ses auxiliaires étrangers. Le vicomte de Rohan reçut ordre d'aller prendre Concarneau et Brest. Aucune des deux villes ne résista. La place de Brest se rendit au mois de février. La garnison se retira en emportant ses bagages [1]. Jean de Rohan d'ailleurs ne tira pas de ses succès le profit qu'il en attendait. Il croyait travailler pour lui, et ne travaillait que pour la France. Le maréchal de Rieux, qu'il essaya de gagner, déclina ses avances. Le roi, averti de ses projets, lui adressa des reproches. Jean de Rohan fut forcé de protester de son dévouement et de renoncer au rôle de prétendant [2].

Charles VIII retourna en Touraine au mois de février pour diriger de plus près les évènements. Le maréchal de Rieux lui envoya une ambassade pour se plaindre de la marche de ses troupes. Mais le roi de son côté se plaignait qu'on eût rejeté ses demandes. Loin de renvoyer ses auxiliaires, le gouvernement breton en faisait venir d'Espagne [3] et d'Angleterre [4]. Les Bretons d'ailleurs faisaient des courses en Normandie [5]. En un mot, la guerre était engagée, et le gouvernement breton ne pouvait la soutenir qu'en cherchant des alliés. En Angleterre, ses ambassadeurs pressaient le roi de les secourir. Le Parlement les secondait avec ardeur et souhaitait qu'Henri VII descendît avec une armée en Bretagne. Henri VII avait avec la France une trève qui n'expirait que le 17

1. Jaligny. — 2. Act. de Bret. III, 629. — 3. Corresp. de Ch. VIII, 232. — 4. Act. de Bret. III, 616. — 5. Arch. nat. J. J., 220, fo 121. ro.

18

janvier 1490. Il écrivit à Charles VIII pour l'inviter à
renoncer à la guerre ; sinon, il enverra lui-même des
soldats en Bretagne, en leur prescrivant toutefois de n'attaquer les Français que s'ils y sont forcés pour défendre
les Bretons [1].

Charles VIII envoya en Angleterre l'archevêque de
Sens, Salezart, avec mission de rassurer Henri VII et
d'examiner les armements des Anglais. Pendant les négociations, les ambassadeurs bretons conclurent le 8 février avec Henri Tudor un traité d'alliance, en vertu duquel le roi d'Angleterre promettait 6.000 auxiliaires à la
la solde du gouvernement breton. Il se faisait livrer en
gage deux places fortes [2] Il ratifia ce traité à Westmins-
ter le 1er avril. A la même époque, il concluait à Dor-
drecht un autre traité d'alliance avec le roi des Romains [3].
Les deux traités étaient conclus, quand Salezart arriva en
Angleterre. Il ne put obtenir du roi aucune entrevue
secrète. Il revint en Touraine, annonçant que l'armée
anglaise allait partir pour la Bretagne. Les premiers détachements débarquaient en effet à Guérande au moment
où il arriva à Chinon [4].

Le gouvernement breton était divisé Alain : d'Albret,
âgé de quarante-huit ans, père de sept enfants, songeait
toujours à épouser Anne de Bretagne. Il était soutenu
par Lescun, la comtesse de Laval et le maréchal de Rieux.
Il avait la voix rauque, le visage couperosé. Sa vue seule
effrayait la duchesse. Ses adversaires étaient Dunois et
le chancelier Philippe de Montauban. Dunois, sachant que
le gouvernement français repoussait ce mariage, songeait
à l'empêcher pour obtenir son pardon. Le maréchal fit
expédier à Rome par le vice chancelier Gilles de la Ri-

1. Jaligny et Bacon. — 2. Act. de Bret. III, 617. — 3. Molinet. — 4. Jaligny.

vière une fausse procuration où la duchesse demandait
une dispense pour cause de parenté. La duchesse avertie
protesta devant deux notaires apostoliques qu'elle s'oppo-
sait à ce mariage, et qu'elle n'y avait consenti que pour
plaire à son père. Elle adressa cette protestation au maréchal de Rieux. Celui-ci apprenant qu'elle était inspirée
par le chancelier, déclara qu'il mettrait l'épée au poing
pour empêcher le chancelier de verbaliser.

La duchesse avec Dunois et Philippe de Montauban se
retira à Redon. Les Français, qui venaient d'occuper
Montfort sur Meu, essayèrent de l'enlever. Elle ordonna à
Lescun et au maréchal de Rieux de venir la défendre.
Ils restèrent immobiles. Le maréchal déposa le chancelier
Philippe de Montauban [1]. La duchesse se rendit à Save-
nay, et y manda le maréchal, pour délibérer avec lui.
Le maréchal ne pouvait obéir sans consacrer sa propre
déchéance. A ses yeux, Dunois et le chancelier n'étaient
que des rebelles, dont il ne reconnaissait pas l'autorité. Le
mariage d'Anne de Bretagne avec Alain d'Albret aurait eu
l'avantage de déjouer les plans du gouvernement français,
et de lui opposer des difficultés inextricables. Mais par
son obstination à l'imposer à la duchesse, qu'il sacrifiait
aux calculs de sa politique, le maréchal ébranlait lui-
même son pouvoir, agissait moins en tuteur qn'en oppres-
seur, et justifiait la révolte de sa pupille. Toutes les sym-
pathies populaires étaient pour la duchesse persécutée et
pour les conseillers qui essayaient de la défendre.

Anne de Bretagne se dirigea sur Nantes. Le maréchal
essaya plusieurs fois de se saisir de sa personne, et la
laissa quinze jours dans les faubourgs, sans lui permettre
d'entrer avec son escorte. Elle retourna à Redon, et finit
par s'établir à Rennes, où elle fut reçue avec enthou-

1. Act. de Bret. III, 613.

siasme. La Bretagne eut ainsi deux gouvernements rivaux : à Nantes, celui du maréchal de Rieux, à Rennes
celui de la duchesse et du chancelier Philippe de Montauban. Le prince d'Orange, prisonnier depuis la bataille
de Saint-Aubin du Cormier, obtint sa liberté en épousant
une sœur de Pierre de Beaujeu, et retourna en Bretagne,
en promettant de seconder la politique française. Il se
rendit à Rennes auprès de Dunois. Les deux gouvernements rivaux se traitaient de rebelles, tout en cherchant
à sauver ce qui restait de la Bretagne [1]. Ils négociaient
également avec Charles VIII. Le maréchal et Alain d'Albret
faisaient les plus grands efforts pour fléchir le gouvernement français. Madame de Beaujeu avait gagné un secrétaire du maréchal de Rieux, dont elle connaissait ainsi
tous les projets [2].

A la suite du prince d'Orange, Charles VIII fit des
propositions pacifiques à la duchesse. Il proposait de
mettre en séquestre les places qui tenaient encore pour
elle, pendant qu'une commission d'arbitres examinerait
leurs droits respectifs. La duchesse répondit qu'il fallait
avant tout suspendre les hostilités [3]. Le maréchal cherchait
à séduire le roi d'Angleterre, en lui exposant qu'Alain
d'Albret pouvait lui aider à conquérir la Guyenne. Les
envoyés de la duchesse répondaient que le sire d'Albret
avait perdu tous ses biens et que leur maîtresse
était décidée à ne jamais l'épouser [4]. Leurs troupes achevèrent de débarquer à Morlaix. Les français évacuèrent
aussitôt Guingamp. Les Anglais s'établirent à Lamballe
et prirent le parti du maréchal de Rieux. A la même
époque, le roi des Romains envoya des troupes qui débarquèrent à Roscof [5]. Le roi d'Espagne envoya 2,000

1. Jaligny. — 2. Arch. cur. de l'Hist. de France. — 3. D'Argentré. — 4. D'Argentré. — 5. Act de Bret. ми, 638.

hommes qui débarquèrent à Vannes et allèrent s'établir à Rennes [1]. Les Allemands et les Espagnols embrassèrent la cause de la duchesse.

L'arrivée des Anglais en Bretagne excita des défiances qu'entretint soigneusement le gouvernement français [2]. La noblesse bretonne craignait qu'ils ne s'établissent pour toujours dans le pays. La cour et le vicomte de Rohan négociaient avec les mécontents, et en gagnèrent plusieurs, entre autres Jean du Quélénec, vicomte du Fou, amiral de Bretagne, qui passa au service du roi avec les sires de Coetmen et du Châtel [3]. Pour résister aux Anglais, Jean de Rohan et les capitaines français demandaient des renforts et de l'argent. Le conseil de Charles VIII décida que toutes les places seraient ravitaillées, approvisionnées, qu'on éviterait toute bataille ; que les Anglais, ne recevant pas d'argent du gouvernement breton, finiraient par se retirer [4]. Le maréchal de Rieux voulut profiter de la présence des Anglais pour reconquérir les places que nous occupions en Basse-Bretagne. Il mobilisa non sans résistance, vingt-deux vaisseaux, et l'arrière-ban des évêchés de Léon, Tréguier, Saint-Pol et Cornouaille. Bizien de Kérousy avec la flotte occupa la rade de Brest. Lui-même assiégea la ville par terre, pendant que les Anglais assiégeaient Concarneau. La garnison française de Brest était de 1.200 hommes, sous Guillaume Carreau et Henri de Monestay [5]. Les Anglais prirent Concarneau [6]. Le maréchal de Rieux fut moins heureux. L'amiral Graville avec une flotte de 25 navires chassa Bizien de Kérousy. Charles VIII envoya en Bretagne un corps de 5.000 hommes, qui s'unit aux troupes qui tenaient déjà la campagne. L'armée française saccagea le plat pays, et pilla

1. Arch. de Rennes, 21. — 2. Act. de Bret III. 645. — 3. D'Argentré. — 4. Jaligny. — 5. Levot, hist. de Brest. — 6. Act. de Bret. III, 675.

les châteaux. Les gentilshommes de l'arrière-ban se dispersèrent pour défendre leurs terres. Le maréchal de Rieux, abandonné de ses soldats, décampa précipitamment, et perdit toute son artillerie. L'armée du roi ravitailla Brest, et prit d'assaut La Roche-Morice [1]. Octobre 1489.

Pendant ce temps, la duchesse était à Rennes, bloquée par plusieurs détachements de l'armée française, qui pillaient les environs [2]. Une partie de l'armée anglaise était restée inactive à Lamballe sous les ordres de Jean Troubleville. Les Anglais se plaignaient d'être mal logés et de ne recevoir aucun appui des Bretons. Ils demandaient que la duchesse leur envoyât ses auxiliaires espagnols, et se rendît en personne à Lamballe pour voir le beau secours que leur roi lui avait envoyé. La duchesse les engagea à se rendre à Montcontour pour arrêter les progrès des Français. Elle refusa d'éloigner les Espagnols qui la protégeaient, et d'aller à Lamballe, parce que le seul but des Anglais était de se saisir de sa personne et de la livrer au maréchal de Rieux [3]. Elle envoya une ambassade au roi Henri VII, « son bon père, » pour se plaindre de l'attitude de ses officiers, de l'inaction de ses soldats, menaçant, si on la poussait à bout, de faire la paix avec le roi de France, plutôt que de se livrer à la merci de ses oppresseurs [4].

Le prince le plus disposé à secourir Anne de Bretagne était le roi des Romains. Mais il avait plus d'ardeur que de puissance réelle. Il était paralysé par de redoutables adversaires : aux Pays-Bas, les Flamands sous les ordres de Philippe de Clèves ; sur le Danube, le roi de Hongrie Mathias Corvin qui, depuis l'année 1485, occupait l'Autriche. Contre ces divers ennemis, Maximilien réclama le

---

1. Arch. nat. J. J. 220, fo 150, vo. — 2. Arch. de Rennes, 63. — 3. D'Argentré. — 4. Act. de Bret. III, 649.

secours de l'empire , et convoqua dans ce but la diète
germanique à Francfort. Le gouvernement français envoya trois ambassadeurs Pierre de Groslaye, évêque de
Lombez, le sire de Rochechouart et Pierre de Sacierges,
chargés d'éclairer la diète et de réfuter les plaintes du roi
des Romains. Maximilien les reçut avec hauteur, et leur
adressa de grandes menaces, « dont les Allemands sont
coutumiers [1]. » Il exposa aux princes de l'empire les dan-
gers que courait la maison d'Autriche et la nécessité de
la secourir [2]. Il aurait entraîné la diète sans la dextérité
des ambassadeurs français, qui avec des concessions ap-
parentes rassurèrent les princes allemands , et les décidèrent à rester neutres.   Le 22 juillet fut conclu le traité
de Francfort. Le roi des Romains et le roi de France par-
donnaient, l'un à Philippe de Clèves , l'autre à Lescun ,
Dunois et Alain d'Albret. Maximilien réclamait la restitution de la Bourgogne et la liberté du duc d'Orléans.
Cette question fut renvoyée à une prochaine entrevue des
deux rois. Charles VIII promit de faire tous ses efforts
pour décider les Flamands à se soumettre. Il s'engageait
à évacuer en Bretagne les places qu'il avait conquises
depuis le traité du Verger. Ses précédentes conquêtes devaient être séquestrées entre les mains de Pierre de
Beaujeu et du prince d'Orange , pendant qu'une commission d'arbitres examinerait en trois mois ses droits sur la
Bretagne. Le gouvernement breton était tenu de renvoyer
tous ses soldats anglais [3].

La plupart des concessions faites par les ambassadeurs
français étaient illusoires. Le roi s'engageait à employer
ses bons offices auprès des Flamands, mais rien ne l'obli-
geait à employer la force pour les soumettre. Il devait
évacuer ses conquêtes en Bretagne, mais à condition que

1. Jaligny. — 2. Pfister, hist. d'Allemagne. — 3. Molinet.

la duchesse éloignerait les Anglais, ce qui lui était à peu près impossible. Au fond, la situation ne changeait pas, et l'on avait l'avantage de retenir l'Allemagne dans la neutralité.

Le roi des Romains envoya à Rennes Enguerrand de Bréseilles engager la duchesse à renvoyer les Anglais et à accepter le traité de Francfort. Une ambassade française accompagna Bréseilles et invita Anne de Bretagne à envoyer à Tours des plénipotentiaires pour conclure une bonne paix [1]. La cour de Rennes envoya à Tours Dunois, Philippe de Montauban, l'abbé de Paimpont, le sire de la Bouvardière et deux notables bourgeois de Rennes [2]. Avec eux arrivèrent les plénipotentiaires de Maximilien et ceux des Flamands. Le roi, en qualité de médiateur et de suzerain du comté de Flandre, décida que les Flamands rendraient au roi des Romains la tutelle de son fils et lui paieraient une amende pour sa captivité [3]. Les Bretons, qui d'abord avaient espéré conclure un traité spécial et élevé de hautes prétentions, se résignèrent à accepter simplement le traité de Francfort [4]. Le roi accorda une nouvelle rémission à Lescun, Dunois et Alain d'Albret [5].

La paix semblait rétablie, et la situation de la Bretagne améliorée; il n'en était rien. Les Flamands refusèrent de se soumettre et continuèrent la guerre. En Bretagne, la duchesse renvoya l'armée anglaise. Mais ne pouvant rembourser Henri VII de ses dépenses, ce prince garda Morlaix et Concarneau en gage, ce qui autorisait Charles VIII à poursuivre les hostilités. D'ailleurs, le maréchal de Rieux ne reconnaissait pas le traité de Francfort, et continuait la guerre. Il avait même envoyé une ambassade à Tours, afin d'entraver les négociations [6]. Le

1. . Act. de Bret. III, 652. — 2. Act. de Bret. III, 653. — 3. — Molinet. — 4. Jaligny. — 5. Arch. nat. J. J. 220, fº 186, rº. — 6. Jaligny.

gouvernement français avait donc d'excellentes raisons pour se croire dégagé de ses promesses.

La Bretagne ne pouvait être sauvée qu'au prix d'une réconciliation entre les deux cours de Rennes et de Nantes. Or, leurs relations étaient plus hostiles que jamais. Le maréchal chassa une garnison allemande que la duchesse voulait établir à Guérande. Lescun entreprit d'assiéger La Chèze, où se trouvait une garnison flamande. La duchesse envoya des troupes contre lui. Les deux gouvernements rivaux accablaient les paysans de réquisitions et de taxes de guerre ou souldais. Cependant le traité de Francfort avait fortifié la cour de Rennes. Le gouvernement de la duchesse était reconnu du roi de France, du roi d'Espagne et du roi des Romains. En octobre, la cour de Rennes ouvrit des négociations avec le maréchal de Rieux [1]. Le 6 janvier 1490, Dunois et le prince d'Orange allèrent à Nantes discuter un accommodement. La paix ne fut définitivement conclue que le 9 août 1490. Le maréchal se soumit, mais refusa toute lettre de grâce et fit ratifier tous ses actes. Pour le dédommager de la ruine de ses châteaux, brûlés par les Français, la duchesse lui promit 100,000 écus d'or payables en dix ans [2].

En vertu du traité de Francfort, Charles VIII et la duchesse devaient envoyer à Avignon des ambassadeurs chargés de discuter leurs droits devant une commission d'arbitres. La duchesse demanda un délai, que le roi lui accorda sans hésiter. Elle allégua ensuite la nécessité de séquestrer d'abord les villes que le roi occupait en Bretagne. Bref, la réunion des arbitres n'eut pas lieu [3]. Loin de songer à évacuer les places, le gouvernement français fortifiait toutes ses garnisons [4]. Il se plaignait des relations

---

1. Arch. de Rennes, 21. — 2. Act. de Bret. III, 674. — 3. Doc. inéd. sur l'Hist. de Fr., Leglay, tom I., introduct. Manifeste de Maximilien. — 4. Arch. nat. K. 74, 20.

continuelles de la cour de Rennes avec l'Angleterre. La
duchesse d'ailleurs conservait des Anglais à Concarneau et
à Morlaix, des Allemands et des Espagnols à Rennes.
Enfin, le maréchal de Rieux continuait la guerre. La
Cour de Rennes répondait que le maréchal était un rebelle, et qu'elle ne pouvait répondre de ses actes ; que la
duchesse avait besoin de ses auxiliaires allemands et espagnols pour sa sûreté ; qu'elle avait renvoyé les Anglais,
sauf les garnisons de deux places laissées en gage à Henri
VII ; que ses ambassadeurs ne négociaient en Angleterre
que le remboursement de ce qu'elle devait à Henri VII [1].

C'étaient là de pitoyables raisons, qui justifiaient complètement la politique du roi de France. S'il éludait le
traité de Francfort, la Cour de Rennes le respectait encore moins. Elle ne comptait que sur l'appui du roi des
Romains. Ce prince venait d'être débarrassé d'un redoutable adversaire par la mort de Mathias Corvin. Il se dirigea aussitôt vers le Danube, pour reconquérir l'Autriche
que lui disputait le roi de Bohême, Ladislas Jagellon. Le
gouvernement français aimait mieux le voir courir en
Autriche que combattre la Flandre ou intervenir en Bretagne. Il reçut à Ulm en juillet une ambassade qui, pour
l'encourager dans cette voie, conclut avec lui un traité
qui renouvelait le traité de Francfort. La commission
d'arbitres chargée d'examiner les droits du roi sur la Bretagne devait se réunir non à Avignon, mais à Tournay [2].

Maximilien envoya en France une ambassade pour demander à Charles VIII la ratification du traité. Le roi le
ratifia sans retard. Les ambassadeurs allemands se rendirent ensuite à Rennes, et présentèrent le traité à la duchesse, qui l'accepta. Elle chargea le prince d'Orange d'aller
porter à Charles VIII son acte d'adhésion. Quand le prince

1. D'Argentré. — 2. Molinet.

parut devant le roi, il s'éleva des difficultés imprévues. Le
gouvernement français n'admettait pas qu'un traité conclu
avec Maximilien pût enchaîner sa politique à l'égard de
la Bretagne. Il réclama des garanties, et proposa des articles rectificatifs que les ambassadeurs bretons n'osèrent
accepter sans consulter leur gouvernement. Il en résulta
un échange de notes et d'ambassades, à la suite des-
quelles les deux gouvernements finirent par déclarer qu'ils
s'en tenaient au traité d'Ulm, et n'y voulaient rien
changer [1]. Le 18 octobre, le traité fut publié dans toute
la Bretagne [2].

Le même jour, le gouvernement breton faisait publier
à Rennes un autre traité plus grave et plus important,
en vertu duquel la duchesse adhérait à la coalition formée
contre la France par le roi des Romains, le roi d'Angleterre et le roi d'Espagne. Si le roi de France attaquait,
soit la Bretagne, soit l'archiduc Philippe-le-Beau, les trois
princes coalisés s'engageaient à envahir immédiatement
la France, « et y tenir les champs par main forte [3]. »
Jusqu'alors, il y avait eu en France des ligues féodales
pour entraver les progrès de la royauté. Maintenant,
comme on le voit par ce traité, qu'aucun historien n'a
jusqu'à présent signalé, la question change de face. Tous
les princes voisins du royaume se coalisent pour sauver
la Bretagne, et soustraire la Flandre à l'influence française.

Maximilien d'Autriche, si longtemps humilié et bravé
par Louis XI et par les Beaujeu, semblait appelé à
d'éclatantes représailles. L'année 1490 se terminait pour
lui par des succès inouïs. Grâce aux subsides et aux
soldats de la Diète germanique, il recouvrait l'Autriche
et occupait la moitié de la Hongrie. Aussi, quand les

1. Doc. inéd. Leglay, loc. cit. — 2. Act. de Bret. III, 675. —
3. Arch. de la Loire-Inf. E. 124. Aucun historien n'avait jusqu'ici
connu ce traité.

ambassadeurs anglais vinrent à Œdenbourg lui apporter
l'adhésion d'Henri VII à la coalition, il laissa éclater sa
joie en présence des princes de l'empire[1]. Il se croyait
sûr d'épouser Anne de Bretagne, comme il avait naguère
épousé Marie de Bourgogne. Dès le 20 mars, il avait
signé à Innsbrück une procuration par laquelle il autorisait Engilbert de Nassau, Wolfgang de Polhaim et
Jacques de Gondeband à contracter en son nom ce mariage[2]. Le comte de Nassau resta aux Pays-Bas[3]. Les
deux autres procureurs se rendirent en Bretagne au mois
de juillet avec Loupian, et y séjournèrent un an. Le
mariage qu'ils venaient conclure n'avait rien qui dût
surprendre la Bretagne. François II y avait déjà songé.
Les conseillers de la duchesse convoquèrent à Rennes les
Etats au mois de décembre. Ils invitèrent la comtesse de
Laval, le maréchal de Rieux et les Etats à leur faire connaître les conditions nécessaires pour assurer l'indépendance du pays. Le maréchal et l'assemblée rédigèrent leur
réponse le samedi 16 décembre. Ils la présentèrent à la
duchesse et aux procureurs du roi des Romains[4]. Le beau
Polhaim épousa ensuite Anne de Bretagne au nom de son
maître. Tous les actes publics furent dès lors rédigés au
nom de Maximilien et d'Anne, roi et reine des Romains,
duc et duchesse de Bretagne.

Ce mariage était pour la France un véritable désastre,
et pouvait ruiner la monarchie. Heureusement, Maximilien était occupé en Hongrie; ses alliés avaient eux-
mêmes leurs embarras. Pour le moment, la Bretagne
restait isolée, sans appui. Avec de la promptitude et de
la résolution, tout pouvait se réparer. A la nouvelle du
mariage, le roi envoya Christophe de Carmonne à Rennes

---

1. Molinet. — 2. Arch. de la Loire-Inf. E. 14. — 3. Molinet.
— 4. Arch. de la Loire-Inf. E. 14. Tous les détails que nous
donnons ici sont entièrement neufs et inédits.

protester en son nom et réserver ses droits [1]. Le vicomte
de Rohan intenta à la duchesse un procès devant le Parlement de Paris et lui réclama Montfort et Neaufle. Le
baron d'Avaugour réclama même la Bretagne [2]. La duchesse demanda au roi un sauf-conduit pour envoyer ses
représentants au Congrès de Tournay. Ils partirent de
Rennes le 25 mars 1491, arrivèrent devant Tournay, où
l'on refusa de les recevoir, et revinrent après avoir
protesté [3].

Alain d'Albret, pour se venger du mariage de la duchesse, vendit au roi la ville de Nantes [4] Privé du gouvernement de la ville depuis le mariage, il y avait laissé
des soldats dévoués, qui lui livrèrent le château. Le maréchal de Rieux, qui chassait dans les environs, accourut,
essaya de reprendre la forteresse. Mais les maréchaux
d'Esquerdes et de la Trémoille le chassèrent. Le roi entra
à Nantes le 11 avril, et reçut le serment des habitants [5].

La duchesse se hâta de demander des secours au roi
des Romains et au roi d'Angleterre. Maximilien convoqua
la diète à Nuremberg. et lui exposa la trahison d'Alain
d'Albret. Les princes de l'empire lui accordèrent un corps
de troupes qui ne fut pas prêt à temps [6]. Henri VII
envoya des soldats qui débarquèrent le 30 mai en Bretagne [7]. Mais le gouvernement français voulait en finir.
La taille fut portée à 2,360,000 livres [8]. On obtint en
outre des provinces des subsides supplémentaires et des
archers [9]. La Trémoille reprit le commandement de l'armée.
Il feignit de marcher sur Rennes, puis passa brusquement
la Vilaine à Messac, reprit Guingamp et ravitailla les

1. Act. de Bret. III, 697. — 2. Ibid. 698. — 3. Arch. de la Loire.
Inf. E. 102 Conf. doc. inéd. Leglay, loc. cit. — 4. Act. de Bret.,
III, 686. — 5 Molinet. — 6. Doc. inéd. Leglay, page 39. — 7.
Arch. de la Loire-Inf. E. 123. — 8. Arch. nat. K 74, 21. — 9.
Arch. nat. K 74, 23.

garnisons de Basse-Bretagne. Alors seulement, il revint à Rennes et commença le siége. L'armée se partagea en deux divisions, l'une au nord sous la Trémoille, l'autre au sud sous St-André [1]. L'artillerie était si nombreuse, que 3,000 chevaux suffisaient à peine pour la manœuvrer. Le roi d'Angleterre envoya en Bretagne une flotte qui proposa à la duchesse de l'emmener. Elle refusa avec raison de quitter son pays. La garnison de Rennes fit une sortie et maltraita le corps de St-André. La Trémoille accourut et rejeta l'ennemi dans la place [2].

La ville de Rennes, décimée l'année précédente par une épidémie [3], était ruinée. Les soldats allemands, mal payés, se livraient à tous les excès [4]. Ils finirent par se mutiner et demandèrent un mois de solde d'avance. Les Anglais et les Espagnols suivirent leur exemple. Le gouvernement breton, hors d'état de les satisfaire, négocia avec Charles VIII. Le gouvernement français voulait la paix, mais à condition de ne rien perdre de ses avantages et de résoudre enfin la question du duché de Bretagne. Or la seule solution possible était le mariage du roi avec la duchesse.

Ce résultat fut favorisé par un coup d'état opéré brusquement par Charles VIII. A l'insu des Beaujeu et de son conseil, il alla délivrer le duc d'Orléans prisonnier à Bourges [5]. Le duc demanda à se rendre à Rennes, promettant de bien servir le roi. Il gagna facilement Dunois, le prince d'Orange, le maréchal de Rieux, le chancelier de Montauban. Tous comprirent que le mariage de Charles VIII avec la duchesse pouvait seul assurer la paix à la Bretagne.

Aussi bien, le roi de France était maître du pays. Le 1er septembre, il avait choisi le vicomte de Rohan comme

1. Saint-Gelais. — 2. Molinet. — 3. Arch. de Rennes, 21. — 4. Arch. de Rennes, 65. — 5. Saint-Gelais.

lieutenant général [1]. Le 27 octobre, il avait convoqué les États pour le 8 novembre [2]. L'autorité de la duchesse ne s'étendait plus au delà des murs de Rennes, où ses soldats étaient en pleine révolte. Toute résistance lui devenait impossible. Charles VIII lui proposa une pension annuelle de 100.000 écus, le droit de séjourner dans la ville de Bretagne qu'elle désignerait, pourvu qu'elle ne choisît ni Rennes, ni Nantes ; enfin, elle pouvait épouser Louis de Luxembourg, le comte de Nemours ou le comte d'Angoulême. La duchesse répondit qu'elle avait épousé le roi des Romains, et que si ce roi mourait, elle n'épouserait jamais qu'un roi ou un fils de roi [3]. Comme sa résolution à l'égard de Maximilien semblait inébranlable, les plénipotentiaires français, Georges d'Amboise et du Bouchage, feignirent de céder, et offrirent à la duchesse toutes les facilités possibles pour rejoindre son époux et faire valoir ses droits devant une commission d'arbitres. Les conseillers d'Anne de Bretagne parurent prêts à traiter sur ces bases. Ils reçurent des représentants du roi des Romains un mémoire sur les garanties qui leur semblaient nécessaires [4]. Les garanties furent insérées dans le traité de Rennes le 15 novembre.

En vertu du traité, le roi et la duchesse chargent douze arbitres d'examiner leurs droits. Les soldats étrangers évacuent Rennes, sauf 400 qui restent pour garder la duchesse. La ville de Rennes est neutralisée entre les mains des ducs d'Orléans et de Bourbon. La duchesse a toute liberté pour rejoindre le roi des Romains, et reçoit, en attendant la décision des arbitres, 120,000 écus par an [5].

Le traité conclu, les soldats étrangers se retirèrent à Montfort. Le roi leur fit payer trois mois de solde, et

1. Act. de Bret. III, 794. — 2. Act. de Bret. III, 703. — 3. Molinet. — 4. Arch. de la Loire-Inf. E. 106. — 5. Act. de Bret. III, 707.

les renvoya hors du pays [1]. Il leva le siège de Rennes.
Il avait tenu ses engagements. C'était maintenant à la
duchesse de tenir les siens. Au moment de quitter la
Bretagne, pour aller rejoindre un époux qu'elle n'avait
jamais vu et qui la négligeait, ses conseillers lui montrèrent qu'en suivant sa première inspiration, elle se
perdait. Mieux valait épouser Charles VIII qui demandait sa main. Elle conservait ainsi la Bretagne. L'intervention de son confesseur vainquit ses derniers scrupules.
Les Etats réunis à Vannes approuvaient son mariage
avec Charles VIII, en demandant des garanties pour les
libertés de la Bretagne. La duchesse se résigna, et consentit à épouser Charles VIII [2].

Le roi averti de sa résolution entra à Rennes avec un
corps de troupes, au grand scandale des ambassadeurs
allemands, qui l'accusaient de violer la neutralité de la
ville. Il eut avec la duchesse une entrevue et un long
entretien. Trois jours après, les fiançailles eurent lieu en
présence du duc d'Orléans, d'Anne de Beaujeu, du prince
d'Orange, de Dunois et du chancelier de Montauban. Le
maréchal de Polhaim soupçonna une partie de la vérité,
et demanda des renseignements aux seigneurs français et
bretons, qui nièrent tout et affectèrent l'étonnement [3]. A
la fin, ils l'invitèrent au mariage. Le beau Polhaim refusa
fièrement, et retourna aux Pays-Bas.

Le roi s'était rendu en Touraine. La duchesse alla le
rejoindre. Elle partit de Rennes le 23 novembre avec
Philippe de Montauban, Coetquen, Pontbriand et plusieurs
notables bourgeois de Rennes [4]. Le contrat fut signé à
Langeais le 6 décembre. Le roi et la reine se faisaient

1. Molinet. — 2. Nous résumons ici d'Argentré, Saint-Gelais,
Seyssel, le manifeste de Maximilien dans les doc. inéd. collect.
Leglay et Leroux de Lincy. — 3. Molinet, Seyssel, Leglay, loc. cit.
— 4. Arch. de Rennes, 4.

cession mutuelle de tous leurs droits sur la Bretagne. Si le roi mourait sans postérité, la reine ne pouvait épouser que son successeur ou le plus proche héritier du trône [1]. Le mariage fut célébré et consommé le même jour [2]. Charles VIII avait alors vingt et un an, Anne de Bretagne en avait quinze. Le roi confirma solennellement les droits et les priviléges de la Bretagne [3].

Le mariage de Charles VIII excita la colère d'Henri Tudor et de Maximilien. Le roi de France était assez puissant pour braver leurs menaces. Mais, pressé de se jeter dans les guerres d'Italie, il les désarma à force de concessions. Par le traité d'Étaples, il remboursa au roi d'Angleterre ce qu'il avait dépensé en Bretagne. Par le traité de Senlis, tout en rendant au roi des Romains sa fille Marguerite d'Autriche, il lui restitua l'Artois et la Franche-Comté. Enfin, par le traité de Barcelonne, il rendit le Roussillon à Ferdinand-le-Catholique. Il sacrifia ainsi une partie des avantages qu'il assurait à la France par son mariage [4].

1. Act. de Bret. III, 715. — 2. Arch. de Rennes, 4. — 3. Act. de Bret. III, 728. — 4. Bien que dans ce chapitre nous produisions moins de pièces inédites que dans les précédents, nous croyons avoir présenté les faits sous un jour entièrement nouveau, grâce à la chronique de Molinet, aux documents de la collection Leglay, et à la pièce de la liasse E. 14 des arch. de la Loire-Inf. Les Bénédictins n'ont connu aucun de ces documents.

CHAPITRE IX.

La Bretagne sous Charles VIII

MARIAGE D'ANNE DE BRETAGNE AVEC LOUIS XII ; TRAITÉ DE NANTES.
— ALLIANCE AUTRICHIENNE ; TRAITÉS DE LYON ET DE BLOIS ;
PROCÈS DU MARÉCHAL DE GIÉ. — MALADIE DU ROI ; ÉTATS
GÉNÉRAUX DE TOURS ; MARIAGE DU COMTE D'ANGOULÈME AVEC
MADAME CLAUDE. — ÉTATS DE VANNES ; RÉUNION DE LA BRE-
TAGNE A LA FRANCE

1491-1532.

Le mariage de Charles VIII semblait devoir assurer
l'union définitive de la Bretagne à la France. Le jeune
roi et sa femme pouvaient espérer un brillant avenir. Le
roi s'occupait activement des affaires publiques , et conservait un goût très vif pour les exercices du corps. Son
visage était disgracieux, sa parole pénible, mais il avait
les yeux doux et brillants. La reine l'aimait avec pas-
sion. Elle était brune, fort jolie, gracieuse, quoique boi-
tant un peu. Elle était pleine de finesse et d'obstination.
Ce qu'elle n'obtenait pas par la prière, elle l'obtenait par
les larmes, sans jamais abandonner ses projets[1]. Elle ne
prit cependant sur Charles VIII qu'un médiocre empire ;
elle ne réussit ni à le détourner des guerres d'Italie, ni
à changer sa politique à l'égard de la Bretagne.

1. Arm. Baschet, la diplomatie vénit. au xvi° s., ch. 8.

Ce qui caractérise l'administration de Charles VIII
dans le duché, c'est une tendance marquée à l'assimiler
au reste de la monarchie. Il se considère en Bretagne
comme un souverain légitime, ayant des droits particuliers tout aussi valables que ceux qu'il tient de son mariage. Il laisse dans toutes les places des garnisons françaises, il fait revivre les vieilles prétentions de la couronne sur la ville de Saint-Malo, qu'il déclare unie au
domaine royal par ordonnance du 13 octobre 1493 [1]. Pour
plus de sûreté, il donne l'évêché de Saint-Malo à Guillaume Briçonnet, un de ses conseillers les plus influents.
La même année, le 9 décembre, il abolit la chancellerie
de Bretagne pour cette raison significative que d'après les
anciennes ordonnances, il n'est accoutumé à avoir qu'un
seul et unique chancelier, chef et administrateur de
la justice pour tout le royaume [2]. Le gouvernement
royal hésitait à reconnaître le Parlement de Bretagne,
que la chancellerie française désignait sous le nom de
Grands Jours. Charles VIII le convoquait tous les ans,
mais sans lui assigner d'époque fixe. En 1495, sur les
instances de la province, il décida que les Grands Jours
siégeraient chaque année du 1er septembre au 8 octobre.
Il désigna en même temps vingt conseillers bretons et
français [3].

Les droits constitutionnels de la province rencontraient
déjà des défenseurs habiles et résolus dans les officiers de
judicature. Leur résistance à tous les empiètements du
pouvoir central était d'autant plus tenace, qu'elle s'appuyait sur le respect des lois et des ordonnances. Quelques
officiers, condamnés pour malversation par la Chambre
des comptes, en appelèrent au Parlement de Bretagne,

1. Act. de Bret. III, 737. — 2. Act. de Bret. III, 766. — 3. Act.
de Bret. III, 771.

qui confirma la sentence. Mécontents de cette décision, ils en appelèrent au Parlement de Paris. C'était une atteinte évidente aux droits des tribunaux bretons, que Charles VIII avait confirmés. Le procureur de la Chambre des comptes, Jean Gibon, protesta immédiatement devant le Parlement de Bretagne. Les coupables furent saisis « comme transgresseurs des droits, libertés et franchises du pays et principauté de Bretagne » [1].

Charles VIII mourut à Amboise le 7 avril 1498, sans laisser d'enfant. Anne de Bretagne était veuve à l'âge de vingt-deux ans. Sa douleur fut profonde. Louis XII, qui se rendit auprès d'elle, « la trouva tant désolée et pleine de deuil, que nul ne sauroit raconter combien elle en avait » [2]. Cependant, elle ressaisit immédiatement l'administration de son duché. Le 9 mai, elle rétablit la chancellerie, et rendit le titre de chancelier à Philippe de Montauban. Le 10 elle désigna le prince d'Orange comme son lieutenant général. Le 9 mai, elle manda les principaux seigneurs de Bretagne pour l'escorter aux funérailles de Charles VIII [3]. Elle se rendit ensuite à Etampes. Par la mort de Charles VIII, elle redevenait duchesse de Bretagne. Ses droits ne pouvaient plus être contestés. Mais elle était tenue d'épouser le nouveau roi. Louis XII régla d'abord son douaire, qui fut fixé à 404,000 livres de revenu. Le 18 août, il conclut avec elle le traité d'Etampes. Il s'engageait à faire casser son mariage et à épouser Anne de Bretagne dans le délai d'un an. Il évacuait toutes les places de Bretagne, excepté Nantes et Fougères. Si son mariage n'était pas cassé dans le délai fixé, la duchesse reprenait sa liberté et recouvrait les deux places [4].

1. Act. de Bret. III, 789. — 2. Saint-Gelais. — 3. Arch. de Rennes, 5. — 4. D'Argentré.

Anne de Bretagne retourna dans son duché vers la fin d'août. Elle convoqua les États à Rennes au mois de septembre [1]. Elle fit frapper à Rennes et à Nantes des florins où elle était représentée en reine et en duchesse. Elle accorda des lettres de noblesse et de grâce. Elle tenait à faire acte de souveraineté et à user de ses droits. Elle chargea le chanoine Lebaud d'écrire l'histoire de son pays [2].

Pendant ce temps, Louis XII s'occupait de la rupture de son mariage avec Jeanne de Valois. Le pape Alexandre VI nomma des commissaires chargés d'entendre les parties. Des arguments formulés par le roi, un seul était sérieux, c'est que son mariage n'avait pas été libre. Jeanne de Valois se défendit avec dignité, demandant pardon au roi de la nécessité où elle était de lui déplaire. Le divorce était chose inévitable et exigée par l'intérêt du royaume. Il fut prononcé le 17 décembre [3]. Louis XII se rendit ensuite en Bretagne pour procéder à son nouveau mariage. Le traité conclu à Nantes le 7 janvier 1499 fut beaucoup moins avantageux pour la France que celui de Langeais. Anne de Bretagne prit des précautions minutieuses pour assurer l'indépendance de son pays. Ce n'est pas au fils aîné qu'elle aura du roi, mais au second que doit passer le duché de Bretagne. Si elle n'a qu'un fils, ce prince gardera le duché, à la condition de le laisser à son second enfant [4]. Le même jour, le roi signa un second traité qui garantissait les droits et les privilèges de la Bretagne [5]. Par son contrat de mariage, il assurait au duché une dynastie séparée ; par le traité qui suivit le contrat il maintenait dans le pays une administration distincte du reste de la monarchie. Ces deux engagements montrent bien la pensée dominante d'Anne de

1. Ach. de Rennes, 5. — 2. D'Argentré. — 3. Act. de Bret. III, 808. — 4. Act. de Bret. III, 813. — 5. Act. de Bret., III, 815.

Bretagne. Forcée d'épouser Louis XII , elle avait soin de
reprendre d'une main ce qu'elle donnait de l'autre ; elle
s'appliquait à détruire les avantages que la France attendait de cette union. Louis XII, par les qualités du corps
et de l'esprit, était supérieur à Charles VIII. Anne de
Bretagne cependant n'eut point pour lui la tendresse
passionnée qu'elle avait témoignée à Charles VIII. De-
venue plus ferme et plus tenace à mesure qu'elle avançait en âge, elle prit sur lui un empire absolu, dont elle
n'usa pas toujours dans l'intérêt de la France.

Cependant , jamais elle ne fut entourée de plus de
respect. Louis XII lui abandonna la totale administration « de son duché de Bretagne et des terres qu'elle avait
en France pour le douaire du feu roi Charles VIII, tout
ainsi que si elle n'était point sa femme » [1] Elle avait une
cour séparée, où les Bretons étaient nombreux [2]. Douée
d'une intelligence supérieure et d'un esprit cultivé, elle
avait une belle bibliothèque, un riche mobilier [3]. Elle
aimait les beaux-arts et encourageait les beaux esprits ,
tels que le poète Meschinot, les historiens Lebaud et
Bouchard. Grâce aux revenus particuliers dont elle
jouissait, elle était généreuse et magnifique , et comblait
de présents les gens de guerre qui accusaient le roi
d'avarice [4]. Aussi l'admiration qu'elle inspirait était générale. C'était, dit Brantôme , « la vraie mère des pauvres, le support des gentilshommes , le recueil des dames
et demoiselles, et le refuge des savants hommes. » D'autres historiens déclarent que « plus magnanime, plus
sage, plus libérale ni plus accomplie princesse n'a porté
couronne en France, depuis qu'il y a eu titre de reine. [5] »
Elle avait cependant le tort d'être vindicative. Elle fit

---

1. Seyssel. — 2. Brantôme. — 3. B. nat. mns. 23. 335, p. 11 et
suiv. — 4. D'Argentré. — 5. Le loyal serviteur.

défendre aux seigneurs de la maison de Penthièvre de porter le titre et les armes de Bretagne [1].

Malgré le soin avec lequel elle conservait l'administration séparée de son duché, elle contribua aux guerres d'Italie. En 1501, la Bretagne fournit au roi une escadre où se trouvaient deux énormes navires, la *Charente* et la *Cordelière*. Mais en 1510, le clergé breton refusa de s'associer aux délibérations du Concile national de Tours contre le pape Jules II [2].

En somme, la Bretagne ne refusait pas son concours quand la France en avait besoin, mais elle maintenait avec un soin jaloux son indépendance. La reine exagérait encore cet instinct de provincialisme défiant, et résistait à l'établissement de l'unité monarchique, qui devait être la conséquence de son mariage. Son principal souci était d'empêcher la réunion de la Bretagne à la France. A ce point de vue elle présente un étrange contraste avec Isabelle de Castille Comme Anne de Bretagne, Isabelle mérita l'estime et l'admiration de ses contemporains. Par son mariage avec Ferdinand-le-Catholique, elle prépara l'union de la Castille à l'Aragon. De ce jour, elle cessa d'être castillane pour devenir espagnole, et ne songea plus qu'à l'avenir de la grande monarchie qu'elle contribuait à fonder. Elle s'associa complètement à l'œuvre de son époux. Il n'en fut pas ainsi d'Anne de Bretagne. Deux fois reine de France, elle resta plus bretonne que française; elle songea plus à maintenir le passé qu'à préparer l'avenir.

Elle fut d'ailleurs favorisée par la politique imprudente et souvent malheureuse de Louis XII Ce prince réclamait en Italie le Milanais, comme héritier des Visconti, et le royaume de Naples, comme héritier de la maison d'Anjou. Pour conquérir le Milanais, il en céda un lambeau aux

1. Arch. nat. J. 246, 122. — 5. Act. de Bret. III, 896.

Vénitiens; pour conquérir le royaume de Naples, il en céda une partie au roi d'Aragon, dont il apaisa ainsi la convoitise. Mais dans le Milanais, il avait à craindre l'empereur Maximilien, qui avait donné l'investiture à Ludovic le More et épousé la nièce de ce prince. Louis XII aurait voulu recevoir l'investiture du Milanais pour consacrer ses droits. Il avait besoin d'apaiser les convoitises de la maison d'Autriche dans le duché de Milan, comme il avait apaisé celles de Ferdinand-le-Catholique dans le royaume de Naples [1].

L'archiduc Philippe-le-Beau, fils de Maximilien et gendre de Ferdinand-le-Catholique, redoutait l'hostilité du roi de France aux Pays-Bas, comme le roi celle de l'empereur en Italie. Il était tout disposé à conclure avec Louis XII une paix durable cimentée par une alliance de famille. En 1501, au mois d'août, le roi et la reine se trouvaient à Lyon, sur le passage des troupes qu'ils envoyaient dans le royaume de Naples. L'archiduc leur envoya une grande ambassade, qui leur proposa le mariage de l'archiduc Charles avec leur fille Madame Claude [2]. Le 10 août fut conclu un traité décidant que le mariage aurait lieu dès que les deux princes arriveraient à l'âge de puberté. Si le roi et la reine ont un enfant mâle, Madame Claude recevra en dot 900.000 livres. Son épouse lui assurera en douaire 20.000 livres de rente [3]. Louis XII et Anne de Bretagne furent heureux de ce traité, qui semblait leur garantir l'alliance de l'empereur et du roi d'Aragon. Les avantages étaient immédiats, les périls fort éloignés, parce que les deux fiancés n'avaient qu'un an, et le roi pouvait espérer d'autres enfants [4].

Le premier avantage que le gouvernement français es-

1. Ces considérations ont été heureusement exposées dans l'histoire de France de Dareste. — 2. Doc. inéd. Legiay, 4. — 3. Ibid. 6. — 4. Jean d'Auton.

pérait tirer du traité de Lyon était l'alliance de l'empereur.
Il se trouvait alors à Trente. Louis XII lui envoya le
cardinal Georges d'Amboise, avec une escorte de 1,800
chevaux. Maximilien se montra peu touché des avances
adressées par son fils au roi de France Après de longues
discussions, il finit par conclure le 13 octobre un traité
d'alliance. Il acceptait le mariage de l'archiduc Charles
avec Madame Claude, promettait de se liguer avec Louis
XII contre les Turcs, et de donner au roi l'investiture
du Milanais à la prochaine diète de Francfort, à condition
que le roi relâcherait le cardinal Sforza, adoucirait la
captivité de Ludovic, le More, et rappellerait les bannis
Milanais[1].

Il est évident que l'empereur tenait peu à l'alliance
française, dont tous les profits étaient pour son fils Le
roi apprit que Philippe-le-Beau allait se rendre en Espagne. Il l'invita à traverser la France. L'archiduc y
consentit, malgré l'opposition d'une partie de ses conseillers[2]. Il partit de Bruxelles le 4 novembre, reçut en
France un magnifique accueil, et arriva le 6 décembre
à Blois. En vertu des pouvoirs qu'il avait reçus de son
père, il modifia le traité de Trente. Il fut convenu que le
dauphin épouserait une fille de Philippe-le Beau, et que
le roi, pendant les trois ans que devait durer la guerre
contre les Turcs, donnerait 400.000 ou 500.000 francs. Ce
traité conclu, l'archiduc retourna en Espagne vers la fin
de décembre.

Il semblait que l'empereur n'eût plus qu'à conférer au
roi l'investiture du Milanais. Louis XII, au jour marqué,
expédia à Francfort une grande ambassade munie de
pleins pouvoirs pour recevoir l'investiture à sa place. Les
ambassadeurs français en arrivant à Francfort n'y trouvèrent plus ni la diète, ni l'empereur. Maximilien s'était

1. Jean d'Auton. — 2. Pontus Heuterus, rer. belgic. XV.

retiré à Innsbruck. Les ambassadeurs allèrent le rejoindre le 15 février 1502. L'empereur se plaignit des concessions de son fils, déclara que la somme de 500.000 francs était insuffisante, qu'il ne pouvait, en accordant l'investiture au roi, l'étendre à sa postérité féminine. Les ambassadeurs français se retirèrent fort mécontents, sans avoir rien obtenu [1].

Ferdinand Le Catholique n'attachait pas plus d'importance que Maximilien lui-même aux traités conclus par Philippe-le-Beau. Son lieutenant Gonzalve de Cordoue attaqua les généraux français dans le royaume de Naples. Comme ses forces étaient insuffisantes, il s'enferma dans Barletta, et y fut assiégé. Philippe-le-Beau, qui retournait alors aux Pay-Bas, résolut de traverser une seconde fois la France. Ferdinand Le Catholique lui donna de pleins pouvoirs pour conclure en son nom la paix avec Louis XII. L'archiduc demanda au roi un sauf-conduit, et exigea des otages pour sa sûreté. Il rencontra le roi et la reine à Lyon le 3 avril. Le 5, il conclut avec eux un traité stipulant que chacun des deux rois rendrait ce qu'il pourrait avoir conquis dans le royaume de Naples. Gonzalve de Cordoue qui avait reçu des renforts refusa de tenir compte du traité, et conquit tout le royaume. Louis XII fut forcé de conclure avec les rois catholiques une trève de trois ans. Ferdinand et Isabelle gardèrent leur conquête.

Malgré tant de déceptions, Louis XII persista dans sa politique aventureuse. Il imagina d'opposer Philippe-le-Beau à Ferdinand-le-Catholique, en lui offrant toujours comme appât le mariage de sa fille avec l'archiduc Charles Il espérait ainsi sauver le Milanais, et peut-être reconquérir Naples. Le 22 septembre il conclut avec les ambassadeurs de l'empereur et de l'archiduc les trois traités

1. Doc. inéd. Leglay, 9-12.

de Blois. En vertu du premier traité, le roi, l'empereur et l'archiduc contractent une alliance intime, et ne seront qu'une âme en trois corps. L'empereur dans un délai de trois mois donnera au roi l'investiture du Milanais sans restriction, et recevra du roi 200,000 francs Le roi d'Espagne ne sera admis dans l'alliance qu'à condition de remettre le royaume de Naples à l'archiduc, qui l'administrera au nom de l'archiduc Charles et de Madame Claude.

En vertu du second traité, Madame Claude doit épouser l'archiduc Charles Si le roi meurt sans enfant mâle, les deux époux recevront la Bourgogne, la Bretagne, le Milanais, Gênes, le comté de Blois. Si le roi vient à empêcher ce mariage il donnera à l'archiduc la Bourgogne, le Milanais et Gênes [1]. Le troisième traité stipulait une ligue contre Venise. Grâce à ces déplorables traités, Louis XII obtint enfin à Haguenau, en avril 1505, l'investiture du Milanais [2].

Ce faible avantage ne compensait pas les périls que pouvaient entraîner les traités de Blois. Jusqu'alors personne ne s'en était préoccupé. Mais ils commençaient à frapper tous les yeux depuis que la santé du roi s'altérait. Madame Claude était son unique enfant, héritière du duché de Bretagne. Elle ne pouvait plus servir d'appât pour gagner l'alliance autrichienne. En épousant un prince étranger, elle aurait contribué au démembrement et à la ruine de la monarchie. L'intérêt du royaume exigeait qu'elle épousât le comte d'Angoulême, héritier de la couronne de France. Sans ce mariage, la Bretagne échappait de nouveau à la monarchie et redevenait hostile. Il fallait à tout prix conjurer le péril. C'est ce que comprit le maréchal de Gié, dont la chute survint à cette époque. Dans tous les historiens français et bretons, depuis près de trois siècles, le

1. Act. de Bret. III, 366. — 2. Jean d'Auton.

récit de son procès est mêlé de fables, qu'il est impossible
d'ailleurs de concilier avec le témoignage précis de Jean
d'Auton. Nous essaierons de rétablir les faits avec les pièces
qui composent le volumineux dossier de son procès.

Pierre de Rohan, maréchal de Gié, cadet de la maison
de Rohan Guéméné, était né en 1450 à Morterolles en
Poitou [1]. Neveu de l'amiral de Montauban, et élevé en
France, il avait été comblé de faveurs par Louis XI,
Charles VIII et Louis XII. Malgré l'hostilité de la reine,
il avait toute la confiance du roi, auprès duquel son influence rivalisait avec celle du cardinal d'Amboise [2] Il
fut nommé gouverneur du comte d'Angoulême, ce qui
irrita Louise de Savoie, mère du prince. En 1501, lors des
premières négociations avec la maison d'Autriche pour le
mariage de Madame Claude avec l'archiduc Charles, il fit
remarquer à ses serviteurs que la santé du roi était
chancelante, qu'il risquait de périr de la même maladie
que son père et que s'il mourait, il faudrait marier Madame Claude avec le petit seigneur, c'est-à-dire avec le
comte d'Angoulême. A mesure que le roi s'enfonçait dans
ses projets d'alliance autrichienne, le maréchal devenait
plus hardi dans son langage. Il déclarait étourdiment que
si, après la mort du roi, la reine voulait se retirer en
Bretagne avec sa fille, il saurait bien les arrêter au passage, grâce aux places d'Amboise et d'Angers, dont il était
gouverneur [3]. Il eut soin de composer la garnison de ces
deux places de soldats dévoués, dont il exigea un serment
spécial. Il essaya de se concerter avec Alain d'Albret, son
ennemi personnel.

1. Pour tout ce qui va suivre, nous nous servons des pièces con-
tenues dans les liasses E. 191, 192, 193 et 194 des Arch. de la
Loire-Inf. — 2. Mém. du jeune adventureux. — 3. Arch.
de la Loire-Inf. E 191. Telle est l'origine de la légende racontée
par Brantôme et du Bellay, reproduite depuis par les historiens,
d'après laquelle le maréchal aurait arrêté les bagages de la reine.

Enfin, en 1504, se trouvant à Lyon auprès du roi, il
remarqua que Louis XII s'affaiblissait; il fit connaître
par le seigneur de Segré ses projets futurs à Louise de
Savoie. Il lui fit exposer son intention de marier Madame
Claude avec le comte d'Angoulême. Louise de Savoie
reçut froidement cet avis. Un seigneur breton de sa suite,
Pierre de Pontbriand, révéla tout à Louis XII. Le roi,
après une enquête secrète, ordonna l'arrestation du maréchal, dont le procès, commencé devant le grand conseil,
se termina en 1505 devant le Parlement de Toulouse.
Pierre de Rohan fut privé de tous ses offices, sa dignité
de maréchal de France suspendue pendant cinq ans.
Défense lui fut faite de s'approcher de la cour. Il fut
condamné aux frais du procès, qui s'élevèrent à 31,000 fr. [1]

En 1505, Louis XII décida la reine à faire son entrée
royale à Paris. Lui-même y tomba malade au mois de
février. Les médecins lui conseillèrent un changement de
résidence. Il se rendit à Blois, où sa maladie revint avec
plus de violence, au point qu'on le crut perdu [2]. Il
recouvra cependant la santé. Mais tout le royaume avait
été frappé d'épouvante, à la pensée que Madame Claude
pourrait épouser un prince étranger. « Par toutes les
cités, villes et châteaux, on ne parloit entre gens de tous
états par les maisons, marchés et églises, d'autres matières.
Et sembloit à trèstous que ce seroit le plus grand mal
et greigneur inconvénient qui pût advenir audit royaume [3]. »
Les corporations, les villes et les universités envoyèrent
au roi des députations pour lui exposer leurs doléances.
Le roi lui-même, pendant sa maladie, décida qu'il abandonnerait l'alliance autrichienne.

La reine, voyant qu'il avait recouvré la santé, partit

1. Arch. de la Loire-Inf., E. 194. — 2. Jean d'Auton. La légende place cette maladie en avril 1504, et c'est alors qu'aurait
eu lieu l'arrestation des bagages de la reine. — 3. Seyssel.

vers la fin de mai pour se rendre en Bretagne [1]. Elle y
resta cinq mois. En son absence, le roi prit toutes les
mesures nécessaires pour assurer le mariage de sa fille
avec le comte d'Angoulême. Tous les capitaines de sa
garde jurèrent sur l'évangile et la croix de St-Laud que,
s'il mourait sans enfant mâle, ils empêcheraient que sa
fille fût emmenée hors de France. Le roi convoqua les
Etats généraux pour le mois de mai de 1506.

L'assemblée se réunit à Tours le 10 mai. Louis XII
ouvrit la session le 14. Thomas Brécot, docteur en Sorbonne, lui exposa que les Etats lui décernaient le titre
de père du peuple, et le suppliaient de marier sa fille
avec le comte d'Angoulême. Louis XII répondit qu'il en
délibèrerait avec son conseil. Le 19, il annonça qu'il ac-
cèdait à la demande des Etats. Le 21 mai, les deux enfants furent solennellement fiancés en présence de l'assemblée [2]. Le roi fit connaître la décision à l'empereur,
au roi d'Angleterre et à Philippe-le-Bon. Dans le contrat de mariage de Madame Claude, la reine spécifia
que si sa fille avait un enfant mâle, elle pourrait lui
donner le duché de Bretagne, malgré le traité de Nantes [3]. Louis XII en 1510 eut une seconde fille, Madame
Renée. La reine retarda toujours le mariage de Madame
Claude, qu'elle aurait empêché si elle avait vécu [4].
Mais elle mourut en 1514, au mois de janvier.
Alors seulement eut lieu le mariage du comte d'Angoulême. Cet heureux évènement assurait l'union de la Bretagne à la France. Une circonstance imprévue faillit cependant encore la retarder. Louis XII s'avisa d'épouser Marie
Tudor, sœur du roi d'Angleterre. Il mourut quelques mois
après, le 1er janvier 1515, sans laisser d'enfant de cette
nouvelle alliance.

1. Arch. de Rennes, 5. — 2. Seyssel; et doc. inéd. Leginy,
32-36. — 3. Act. de Bret. III, 878. — 4. Brantôme.

Le comte d'Angoulême lui succéda sous le nom de François Ier. Le 22 avril, il obtint de la reine Claude un acte en vertu duquel cette princesse lui faisait donation de la Bretagne sa vie durant. Le 28 juin, elle fit une donation à titre perpétuel, et valable même si le roi lui survivait, sans qu'elle lui laissât d'enfant de son mariage [1]. Elle mourut en 1524, laissant sept enfants. Le roi gouverna dès lors la Bretagne comme usufruitier, au nom du dauphin, à qui la reine avait légué le duché par son testament.

Le gouvernement français résolut d'en finir, de régler définitivement la question et d'établir entre la Bretagne et la France un lien indissoluble. Le chancelier du Prat adressa au roi plusieurs mémoires sur les moyens à employer pour atteindre ce but. Il s'agissait de changer en Bretagne les lois relatives à la succession ducale, et d'y introduire la loi salique. Le concours des Etats était indispensable. François Ier résolut d'aller lui-même en Bretagne pour les gagner. Un magistrat breton, le président Louis des Déserts, proposa à du Prat de faire demander la réunion de la Bretagne à la France par les Etats eux-mêmes. Le roi et le chancelier goûtèrent fort cet avis. Le roi se rendit en personne à Châteaubriand avec des troupes [2]. Il tint avec les membres les plus importants des Etats plusieurs conférences préliminaires auxquelles fut appelé Pierre d'Argentré, père de l'historien. Les Etats furent convoqués à Vannes au mois d'août.

La discussion des Etats fut grave et solennelle. Les ardents patriotes regrettaient la perte de l'indépendance, la chute de la nationalité bretonne, les guerres et les charges auxquelles le pays allait être exposé. On leur répondit « que l'on devoit songer que jamais les rois n'avaient cessé de tenir les ducs en querelle sur plusieurs préten-

1. Act. de Bret. III, 939. — 2. D'après le Déal de Piré.

tions qu'ils avoient au duché ; que de duc en duc, jusqu'au dernier , cela s'étoit vu par expérience , que tant
qu'il y aura chef en Bretagne , jamais cette occasion ne
cessera, et ne falloit espérer nullement la paix. La Bretagne étant terre de frontière, sera pillée de l'Anglois, du
François et de leurs alliés et associés, les habitants mêmes
étant en guerre et divers partis. » Pour les priviléges du
pays, on peut les faire bien garantir. Les princes du pays
ont levé des tailles tout autant qu'en peut lever l'étranger. Le roi de France ne laissera jamais la Bretagne en
repos, s'il n'en est seigneur irrévocable. Mieux vaut s'assurer la paix par l'union à la France, que de s'exposer à
de périlleuses aventures [1]. Ces considérations pleines de
sagesse entraînèrent la majorité.

Cependant, quand on proposa à l'assemblée de demander
elle-même la réunion de la France, la résistance fut vive.
Beaucoup repoussèrent cette exigence avec colère. Ils trouvaient que c'était assez d'accepter le joug sans le demander eux-mêmes comme une faveur. Deux membres ,
Bersach, procureur des bourgeois de Nantes , et Jean
Moteil, déclarèrent qu'ils ne se croyaient pas autorisés à
consentir à une telle démarche [2]. Le seigneur de Monte-
jan. commissaire du roi, irrita l'assemblée par sa hauteur. Les chefs cependant finirent par se résigner. Le 4
août, ils rédigèrent une requête par laquelle ils suppliaient le roi de permettre que le Dauphin fît son entrée
à Rennes comme prince du pays. Enfin, ils demandèrent
qu'il plût au roi d'unir perpétuellement le duché au royau
me de France, en gardant toutefois les droits et priviléges du pays. Le roi après avoir reçu la requête, rendit
une ordonnance qui unissait la Bretagne au domaine de la
couronne [3]. Une autre ordonnance confirma les priviléges
de la province.

1. D'Argentré. — 2. Daru. — 3. Act. de Bret. III, 997.

Le dauphin François fit son entrée à Rennes le 12 août et fut couronné le 14 Il mourut en 1536. Son frère, Henri de Valois lui succéda.

L'œuvre poursuivie avec tant de patience et de hardiesse pendant quatre-vingts ans était accomplie. Le résultat était heureux pour la France, qui ne pouvait laisser subsister sur un coin de son territoire un petit état à la fois indépendant et vassal, trop souvent disposé à appeler l'étranger à son secours, et pour la Bretagne qui gagnait à cette union la paix intérieure et qui échappait ainsi au dangereux protectorat de l'Angleterre.

CHAPITRE X.

—

La Bretagne à l'époque de sa réunion à la France.

1° GOUVERNEMENT : LE DUC ; SES GRANDS OFFICIERS ; LE GRAND
   CONSEIL ; LES ÉTATS ; LE PARLEMENT ; LA CHAMBRE DES
   COMPTES.

2° ADMINISTRATION. FINANCES   BUDGET DU DUCHÉ ; RECETTES,
   LEUR NATURE ; DÉPENSES. — ARMÉE ; MARINE. — AGRICULTURE,
   INDUSTRIE ; COMMERCE ; PIRATERIE.   ADMINISTRATION DES
   VILLES ET DES PAROISSES ; BUDGETS DE RENNES ET DE PIRÉ.
   — ÉCOLES . HÔPITAUX. — JUSTICE DUCALE ET SEIGNEURIALE,
   CIVILE ET CRIMINELLE. — CLERGÉ : ABBAYES, CLERGÉ SÉCU-
   LIER ; DISCIPLINE.

3° LA SOCIÉTÉ. — LA COUR ; LE CLERGÉ ; LA NOBLESSE ; LES
   JUVEIGNEURS. — BOURGEOISIE ; PAYSANS ; QUEVAISIERS , MOT-
   TIERS ET CAQUEUX.

—

A la fin du xv⁵ siècle, lors du mariage de Charles VIII
avec Anne de Bretagne, le duché de Bretagne forme ce
que nous appellerions de nos jours une monarchie cons-
titutionnelle. A défaut de charte et de constitution écrite,
il a un droit public toujours respecté. Le duc est assisté
des grands officiers de la couronne, tels que le grand trésorier, le chancelier, le maréchal, l'amiral, le président de
Bretagne, le grand-maître d'hôtel, le grand écuyer, etc.
Les seuls dont les fonctions offrent quelque analogie avec
nos ministères actuels, sont le grand trésorier et le chancelier. Les historiens bretons constatent avec complaisance
qu'en Bretagne, ainsi qu'en Angleterre, le grand trésorier
est le premier des dignitaires de la couronne.

La cheville ouvrière du gouvernement breton est le grand conseil, composé des princes du sang, des grands officiers, des conseillers nommés par le duc et de quatre secrétaires d'état, chargés de rédiger les décisions du conseil. Le grand conseil dirige la politique extérieure, l'administration. Chaque année, il arrête l'état de la finance, ou budget de prévision [1], il reçoit les baux des fermiers de l'Etat [2], évoque les procès qui traînent en longueur ou présentent un caractère politique [3]; les ordonnances importantes ne sont enregistrées au Parlement ou à la Chambre des Comptes qu'à condition d'avoir été approuvées par le grand conseil [4].

Les Etats de Bretagne ont des droits encore plus étendus que le grand conseil. En 1485, ils renoncèrent à leurs attributions judiciaires en faveur du Parlement. Le duc ne pouvait porter aucune loi, percevoir aucun impôt sans leur consentement [5]. Les Etats se réunissent tous les ans au mois de septembre, à Vannes, Nantes, Rennes, Redon, Vitré ou Dinan. L'assemblée comprend environ 200 membres : 55 pour le clergé, à savoir les neuf évêques de Bretagne, les procureurs des neuf chapitres d'église cathédrale ; 37 abbés ; une centaine pour la noblesse, à savoir les barons et les bannerets ; 48 pour le tiers-Etat, à savoir les représentants des vingt-quatre bonnes villes. Les délégués des bonnes villes sont seuls électifs ; les autres membres siégent de droit ; nul ne peut se dispenser de siéger, sous peine d'amende. Les séances ne sont pas publiques.

Quand le duc a quelque grande mesure législative à présenter, il convoque les Etats en Parlement général. Il

---

1. Arch. de la Loire-Inf., E. 212. — 2. Arch. de la Loire-Inf. Reg. de la Chancell. 9 janv. 1489 (vs).— 3. Arch. de la Loire-Inf. E. 184. — 4. Arch. d'Ille-et-Vilaine, procès de Montauban. — 5 Arch. de . L.-Inf. E. 128.

ouvre la session en grande pompe « en ses majestés et
habit royal. » L'assemblée est alors plus nombreuse, parce
qu'on y appelle les sergents généraux et les sergents
féodés. La session ne s'ouvre jamais sans qu'il surgisse
des querelles de préséance, parce que chacun, en présence
du duc, a sa place et son rang à garder [1].

Avant l'année 1485, le Parlement n'était qu'une commission tirée des Etats et qui, dans l'intervalle des sessions,
recevait les appels de justice. En 1485, François II institua un Parlement sédentaire qui, maintenu sous le nom
de Grands Jours par Charles VIII, Louis XII et François
Ier, fut définitivement organisé par Henri II en 1554. La
Chambre des Comptes datait du xiiie siècle. Elle révisait
les comptes des officiers de finance et jugeait les officiers
prévaricateurs [2].

Les revenus du gouvernement breton comprennent ;
1° le domaine, c'est-à-dire les régales, le rachat ou relief des terres nobles, les profits tirés du droit de bris [3],
le revenu des forêts [4], des terres domaniales [5], les amendes, les confiscations. Le domaine donne de 12,000 à
15,000 livres par an. Il est perçu directement par l'E-
tat [6] ; 2° la ferme des Brieux, ou congés de sauveté, qui
exemptent les navires du droit de bris. Elle produit 6,000
livres [7]. 3° L'enregistrement, affermé chaque année aux
clercs ordinaires [8], la traite des bêtes vives [9], les séche-
ries de Cornouailles, les ports et hâvres [10], les taxes sur

1. . Act. de Bret. ii, 1508, 1591, 1670 ; iii, 2 et suiv. — 2.
Arch. de la Loire-Inf. E. 184. Conf. de Fourmont, hist. de la Ch.
des comptes. — 3. Arch. de la Loire-Inf Reg. de la Chancell.
1477, f° 27 r°. — 4. Arch. de la Loire-Inf. E. 184. — 5. Arch.
de la Loire-Inf. Reg. de la Chancell. 1464, f° 73, v°. — 6. Bévin,
quest. féod. — 7. Arch. de la Loire Inf. E. 202. — 8. Arch. de la
Loire-Inf. Reg. de la chancell. 1467, f° 100 bis. — 9. Act. de
Bret. iii, 1111. — 10. Arch. de la Loire-Inf. E. 212.

l'importation du vin [1], l'exportation du sel [2], la vente des vins, cidres et autres breuvages [3]. Le produit total des revenus affermés est d'environ 120,008 livres.

La plus grosse part des recettes est fournie par le fouage, qui ne pèse que sur les paysans roturiers, etc. La Bretagne comprend 39,547 feux ou unités fouagères [4]. Chaque paroisse suivant son importance représente un nombre déterminé de feux. Le fouage une fois voté par les Etats, les notables de la paroisse en font l'égail, c'est-à-dire la répartition entre les contribuables, et mettent la cueillette en adjudication. Les sommes perçues sont versées dans la caisse du receveur de l'évêché. Le vingt et unième denier du fouage sert à couvrir les frais de perception. Trente et une villes payent. au lieu des fouages, des aides votés par les Etats, « taillées et égaillées entre les roturiers par l'avisement des plus notables desdites villes » [5].

Aux ressources que nous venons d'indiquer s'ajoutent souvent le convoi , taxe que s'imposent les marchands pour l'armement des escadres destinées à les protéger.

L'année financière commence le 1er octobre après la session des Etats. Chaque année, le grand conseil arrête le budget de prévision [6]. L'exercice une fois clos est apuré par la chambre des comptes. Le budget normal du duché à la fin du XVe siècle est de 400,000 livres bretonnes, soit 500,000 livres tournois qui vaudraient quinze millions de nos jours Sur cette somme, environ 130,000 sont consacrés aux dépenses du duc et de sa famille , 130,000 aux gages des officiers de la maison du duc, des fonctionnaires , aux pensions , à la diplomatie, au rem-

---

1. Arch. de la Loire-Inf., Reg. de la chancell., 1477, fo 165, vo. — 2. Ibid. 1498 fo 145 vo. — 3. Ibid. E. 212. — 4. Ibid. E. 212. — 5. Arch. de la Loire-Inf. Reg. de la Chancell. 1466, fo 35, vo. — 6. Ibid. 1467, fo 46, ro; 1468, fo 67, ro, etc. — 7. Arch. de la Loire-Inf. E. 212.

boursement des emprunts ; 130,000 à l'entretien de l'armée, de la marine, des places fortes. Sous un gouvernement économe, les ressources seraient plus que suffisantes pour couvrir tous les besoins. Mais le duc et sa famille puisent à pleines mains dans le trésor, et dépensent sans compter. Chaque année , le budget se solde en déficit. Le découvert est de 21,000 livres en 1481, 20,242 livres en 1482, 15,818 livres en 1485 [1]. Dès qu'une guerre éclate , le gouvernement vit d'expédients et contracte des emprunts forcés [2].

L'armée bretonne se compose de deux éléments, les forces permanentes et les milices. Les forces permanentes comprennent : 1° les pensionnaires de l'hôtel, au nombre de quatre-vingts gentilshommes, qui reçoivent la solde énorme de 25 livres par mois ; 2° Les archers de la garde, au nombre de 151 , auxquels s'ajoutent 16 courtilliers : leur solde est de 10 livres par mois [3] ; 3° la gendarmerie, formée de 200 lances, partagées en six compagnies. Chaque lance garnie comprend un homme d'armes et deux archers [4]. La solde est de 25 livres par mois par lance, dont 12 l. 10 s. par homme d'armes, et 6 l. 5 s. par archer. Le service de l'artillerie coûte environ 5,000 livres par an, soit pour l'achat de la poudre et du salpêtre, soit pour la fabrication des canons et bombardes , et la solde des artilleurs [5]. Le duc a 30 artilleurs à son service: leur solde coute 175 livres par mois, soit 5 l. 13 s. par homme [6]. Ils sont en outre exempts de taille et de fouage [7]. Ainsi, l'armée permanente du duché de Bretagne comprend un peu moins de 900 hommes.

1. Nous empruntons tous ces détails aux quatre budgets de la liasse E. 212 des arch. de la Loire-Inf. — 2. Arch. de la Loire-Inf. Reg. de la chancell., 1468 f° 19, v°. — 3. Act. de Bret. III, 426. — 4. Arch. de la Loire-Inf. Reg. de la chancell. 1467, f° 33, r°. — 5. Arch. de la Loire-Inf. E. 212.— 6. Arch. de la Loire-Inf. Reg. de la chanc. 1468, f° 21, r°. — 7. Ibid. 1473, f° 97, v°.

Les milices se composent de l'arrière-ban et des francs-
archers. Le service de l'arrière-ban est obligatoire pour
tous les gentilshommes. Les veuves mêmes et les mineurs
sont tenus de fournir un homme valide à leur place [1].
L'armement, réglé par les ordonnances, varie suivant la
fortune [2]. Quiconque néglige de se présenter aux montres
s'expose à la confiscation de ses biens. Cependant, comme
ce service est fort onéreux, la noblesse imagine bien des
moyens de s'en dispenser. L'un s'excuse « comme fils de
famille, » sous prétexte que son père est sous les dra-
peaux; un autre allègue ses services dans la domesticité
d'un baron, ou son titre d'officier de justice. Beaucoup
envoient un homme de paille aux montres à leur place,
ou bien empruntent les armes et le cheval d'un voisin [3].
Le duc assurait bien une solde: mais elle était insuffisante [4].

L'infanterie est formée par les francs-archers. Ils sont
fournis par les paroisses rurales, à raison d'un ou de plusieurs archers par vingt feux. Ils sont choisis par les
paroissiens et examinés par le capitaine des francs-archers.
Chaque archer reçoit de la paroisse ses armes et son équipement, et de l'État une solde de 3 livres par mois [5].
Chaque paroisse, outre ses archers, a un nombre égal
d'élus, qui forment la réserve des francs-archers. A cette
milice s'ajouta en 1480 celle des Bons-Corps, au nombre
de 20,000, dont moitié pour la Basse-Bretagne [6].

La milice des villes ne servait uniquement qu'à la
garde des portes et à la défense des remparts. Chaque ville
avait une corporation d'arbalêtriers. Le plus habile tireur,
« le roi des arbalêtriers » restait un an chef de la corpo-

1. Arch. de la Loire-Inf. Reg. de la chancell., fo 142, ro. —
2. Act. de Bret.III, 129. — 3. Arch. de la Loire-Inf. Reg. de
la Chancell. 1468, fo 131, ro. — 4. Act. de Bret. III, 128. —
5. Arch. de la Loire-Inf. Reg. de la chancell.1 1467, fo 127, ro. —
6. Ibid. 1480, fo 71, vo.

ration et jouissait de divers priviléges. A Rennes, il recevait 12 livres par an [1]. A Hennebon, il ne payait ni taille
ni subside [2]; à Guingamp, il pouvait vendre en franchise
quatre pipes de vin [3].

L'organisation de la marine rappelle celle de l'armée de
terre. A Brest, Morlaix, Saint-Malo, le duc a des navires
de guerre avec un petit équipage permanent. En cas de
guerre, les seigneurs en équipent d'autres pour le service
de l'Etat, qui leur donne une prime de 10 sous par mois
et par tonneau [4]. Le duc au besoin met en réquisition les
navires marchands d'un ou de plusieurs évêchés [5]. Il
enrôle tous les marins et les capitaines de la côte [6]. La
solde est de 4 livres par mois pour les matelots et de 14
pour les officiers [7].

Quand les marchands en font la demande, le duc équipe
un convoi, c'est-à-dire une flotte qui du 15 septembre au
15 juin tient la mer pendant environ sept mois pour les
protéger contre les pirates. Elle escorte les navires vides
en Guyenne et les ramène chargés de vin [8]. Pour l'entretenir, l'Etat lève alors une taxe sur les vins qui viennent
par mer de Poitou, de Saintonge ou de Guyenne [9]. La
flotte est commandée par l'amiral de Bretagne.

Après avoir exposé la nature et le chiffre des revenus,
ainsi que le chiffre des dépenses générales du gouvernement breton, examinons maintenant les ressources générales du pays, au point de vue de l'agriculture, de l'industrie et du commerce. Les paysans bretons forment la
classe la plus misérable de la nation. Ils ne sont même
pas tous libres. Les mottiers de l'évêché de Léon sont

---

1. Arch. de Rennes, 58. — 2. Arch. de la L.-Inf. Reg. de la
chancel. 1477, fo 150, ro. — 3. Ibid, 1486, fo 27, ro. — 4. Arch.
de la L.-Inf. E. 212. — 5. Ibid. Reg. de la chancell. 1468, fo 57, ro.
— 6. Ibid. fo 127, ro. — 7. Ibid. E. 212. — 8. Ach. de Bret. III,
1121. — 9. Arch. de la L.-Inf. Reg. de la chancell. 1402, fo 91, vo.

de véritables serfs [2]. C'est sur les paysans que pèsent les
charges les plus lourdes de l'Etat : d'abord les fouages
qui constituent plus de la moitié des revenus publics.
Aussi c'est à qui réussira à s'y soustraire [2]. Ce sont encore les corvées, réparations des places fortes [3], approvisionnement des troupes [4], transport des vivres [5], logement
des soldats [6], service du guet [7]. Ensuite viennent les droits
féodaux, lods et ventes, moulin banal [8], etc. Aussi les
paysans sont pauvres, décimés par de fréquentes épidé-
mies [9]. Ils ont peu d'avances, et se trouvent incapables de
se relever après une mauvaise année. La grêle suffit
pour ruiner une paroisse [10]. La sécheresse la met hors
d'état de payer ses redevances [11].

Les laboureurs travaillent cependant et tirent de leur
sol des produits assez abondants. La Bretagne Gallot assez
bien cultivée produit des céréales, des fèves, des pois, du
chanvre, du lin [12]. Elle cultive le pommier, le sarrazin
et le millet. L'évêché de Nantes a des vignobles, dont le
vin est moins estimé que celui d'Anjou. Dans tout le
duché, les paysans élèvent des chevaux, des bœufs, des
moutons, des porcs, de la volaille [13].

Le paysan propriétaire met en réserve un petit trésor
qu'il conserve précieusement dans une cassette [14]. Quand
le propriétaire est un grand seigneur qui n'exploite pas
lui-même sa terre, le mode de culture qu'il emploie est
le métayage. Le fermage se paie en nature [15]. En basse

---

1. Arch. de la L.-Inf. Reg. de la chancell. 1464, fo 96, ro. — 2.
Ibid. 1462, fo 97, ro, et 1468, fo 180, ro, 1466, fo 22, vo, 1480, fo 60,
ro. — 3. Ibid. 1477, fo 131, ro. — 4. Ibid. 1467, fo 117, ro. — 5.
Ibid. 1468, fo 145, ro. — 6. Ibid. 1464, fo 181, vo. — 7. Ibid. 1469,
fo 158, ro. — 8. Ibid. 146, fo 140, ro — 9. Ibid. 1462, fo 119, vo.
— 10. Ibid. 1466, fo 14, vo. — 11. Arch. du Finistère, Compte de
Lestandenez. — 12. Arch. de la L.-Inf, Reg. de la chancell., 1468,
fo 146, ro. — 13. V. les pièces citées déjà. — 14. Arch. de la
L.-Inf. Reg. de la chancell. 1503, fo 141, ro. — 15. Rev. de Bret.
et Vend., janv. 1862.

Bretagne domine le domaine congéable ou convenant, dans lequel le fermier en quittant la terre reçoit une indemnité pour les réparations qu'il a pu faire [1]. Le prix des journées varie de un sou à deux sous et demi.

Parmi les industries figurent l'exploitation des marais salants du pays de Raiz [2], la fabrication des toiles [3], celle des cordes [4], les forges de Martigné Fer-Chaud, de Château-Giron [5], enfin la fabrication du drap. Toute la région qui s'étend de Couesnon au Jaudy est couverte de « moulins foulerets » qui abondent surtout autour de Guingamp, Lamballe et Fougères [6]. A Rennes, Vitré, Dol, Dinan, Montcontour, Tinteniac, Quintin, sont de gros négociants dont les produits se débitent à Lyon, en Auvergne, Limousin, Gascogne, et même en Espagne. Les draps façon de Rennes rivalisent avec ceux de Paris et de Saint-Lô [7].

Les diverses industries forment des corporations d'un esprit exclusif, avec des statuts reconnus par le gouvernement qui délivre des lettres de maîtrise et perçoit une partie des amendes [8]. Les salaires varient de 1 sou à 3 sous par jour. Les terrassiers Lamballais, dont l'habileté est renommée, reçoivent la somme énorme de 5 sous par jour, près de 10 francs de nos jours [9].

Le commerce de la Bretagne au XVᵉ siècle est beaucoup plus actif et plus étendu qu'on ne le croit généralement. Dès l'année 1424, les prélats, barons, chevaliers, écuyers, chapitres, gens d'église, bourgeois, « et autres gens rentés, » se plaignent de la cherté des vivres. Tout le monde se mêle de marchandise; les regrattiers accaparent

1. V. aux pièces justificat. — 2. Arch. de la L.-Inf. Reg. de la chancell. 1480, fº 82, rº. — 3. Arch. de la L.-Inf., E. 202. — 4. Arch. de la L.-Inf. Reg. de la chancell. 1477, fº 51, vº. — 5. Déal de Piré. — 6. Arch. de la L.-Inf. Reg. de la chancell., 1480 fº 156, vº, et 157, rº, 105, vº. — 7. Arch. de Rennes, 65. — 8. Arch. de Rennes, 196. — 9. Arch. de Rennes, Comptes des miseurs.

les denrées pour l'exportation. Les marchands et gens de métier se liguent pour vendre tout au même prix, « se faisant gré et octroi les uns aux autres de non donner ne bailler leurs marchandises l'un à meilleur prix que l'autre [1]. »

Le commerce intérieur est entravé par le mauvais état des chemins [2], les péages, les barrières placées à l'entrée des villes, pour lever « la cloison du pavage [3]. » Il est actif cependant ; les foires, les marchés amènent des foules de marchands aux localités importantes [4] ; il en est de même des pardons [5].

Par terre, la Bretagne exporte en France du blé [6], des chevaux [7], du drap [8], du sel [9]. Elle importe de la bonneterie, de la quincaillerie, des draps de St-Lô et du vin. La batellerie de la Loire est considérable et lucrative [10]. La ville de Rennes consomme chaque année 4,000 pipes de vin d'Anjou et de Gascogne [11]. En général, les marchands voyagent en caravane [12]. S'ils se hasardent à voyager seuls, ils mènent un clerc avec eux. Ils ont sur tous les marchés importants, des facteurs chargés de leurs intérêts ; eux-mêmes s'arrêtent chez leurs correspondants et ne manquent jamais de se rendre aux grandes foires de Flandre et de France [13].

Par mer, la Bretagne a des relations avec le Danemark la Suède, l'Allemagne, les Pays-Bas, l'Angleterre, l'Espagne, le Portugal, l'Italie, la Turquie [14] et même avec les îles Madère [15]. Elle exporte du blé, des toiles,

---

1. Act. de Bret. II, 1152. — 2. Arch. de Rennes, 2. — 3. Ibid. 65. — 4. Arch. de la L.-Inf. Reg. de la chancell. 1480, fo 138, vo. — 5. Ibid. 1487, fo 63, ro. — 6. Ibid. 1486, fo 88, vo. — 7 Ibid. 1480, fo 100, ro. — 8. Ibid. Arch. de Rennes, 65. — 9. Arch. de la L.-Inf. Reg. de la chancell., 1488, fo 145, vo. — 10. Arch. nat., J.-J., 216, fo 23, ro. — 11. Arch. de Rennes, 65. — 12 Arch. nat. J.-J. 216, fo 109, vo. — 13. Arch. de Rennes, 65. — 14. Arch. de la L.-Inf. E. 202. — 15. Ibid. Reg. de la chancell., 1486, fo 76, ro.

des vins d'Anjou et de Gascogne. Elle importe des métaux,
des draps fins, des tapis [1], de la mercerie, c'est-à dire
des épices, de la quincaillerie, des fourrures. Elle exporte
des toiles, du drap de Rennes, du canevas de Vitré en
Flandre, et en tire surtout des objets dits de mercerie [2].

Le commerce maritime rencontre trois sortes d'obs-
tacles : le droit d'aubaine, en vertu duquel les biens de
l'aubain ou étranger sont, en cas de mort, acquis au
seigneur [3] ; le droit de bris ou d'épave, qui adjuge au
duc tout navire naufragé non pourvu d'un bref de
sauveté [4]. Mais le principal fléau du commerce maritime
est la piraterie. Elle fleurit sur les côtes de Bretagne, de
France, d'Angleterre et de Portugal [5]. Les marins bretons
eux-mêmes pratiquent sans scrupule ce brigandage lu-
cratif. Les plus hardis pirates sont François du Quélénec,
seigneur de Bienassis, et Jean Coatanlem. Le premier
porte en mer le nom de capitaine François, et brave trente
ans les menaces du duc de Bretagne [6]. Le second, après
des exploits légendaires et d'audacieuses captures sur les
Anglais, jugea prudent de s'expatrier. Il se retira à Lis-
bonne et devint amiral de Portugal [7]. Pour combattre la
piraterie, le gouvernement breton équipait le convoi et
concluait des traités de commerce avec les puissances
maritimes. Au besoin, il délivrait à ses nationaux des
lettres de marque et saisissait les navires des nations
dont il avait à se plaindre. Les contestations étaient jugées
par des tribunaux mixtes [8].

La Bretagne au xv⁰ siècle n'a pas de communes. Il en

1. Arch. de la Loire-Inf., E. 202. — 2. Arch. de Rennes, 65. —
3. Arch. de la L.-Inf. Reg. de la chancell., 1503, fo 133. — 4.
Arch. de la L.-Inf., E. 203. — 5. Ibid., E. 202. — 6. Arch. de la
L.-Inf. Reg. de la chancell., 1486, fo 76, vo. Conf. Act. de Bret.
III, 947. — 7. V. dans le bulletin de la Soc. Académ. de Brest, 1878,
notre étude sur les Coatanlem. — 8. Arch. de la L.-Inf., E. 202
et 203.

est des libertés municipales comme des libertés publiques,
Sans être sanctionnées par aucune Charte, elles sont réelles
et respectées. A la tête de chaque ville est un capitaine
nommé par le duc et payé sur les recettes municipales. Il
perçoit en outre un droit de 6 s. par tête sur les roturiers
qui se font dispenser du guet [1]. Cette taxe, appelée
accens, peut lui donner de bons revenus. Guillaume de
Rosnivinen, capitaine de Vire, en Normandie, tirait de
l'accens 400 l. par an [2]. Dans les grandes villes, comme
Rennes, le capitaine est assisté de connétables, chargés
spécialement d'une partie des remparts.

La ville est administrée, sous la direction du capitaine,
par l'assemblée municipale, composée des représentants
des trois ordres de la nation. Le capitaine désigne certains
membres d'office ; mais tous les notables peuvent y
assister et voter [3]. L'assemblée municipale dresse le budget de prévision, fixe les dépenses, désigne les miseurs ou
trésoriers, qui lui rendent leurs comptes, met les travaux
en adjudication, élit le procureur des bourgeois et les représentants de la ville aux Etats, surveille l'emploi des
deniers municipaux. Le capitaine la consulte toutes les
fois que les intérêts municipaux sont engagés. En cas de
siége, elle décide s'il faut se rendre ou résister.

Pour bien nous rendre compte de l'administration des
villes de Bretagne, examinons particulièrement celle de
Rennes. Capitale nominale du duché, lieu de couronne-
ment des ducs, importante par son commerce et son industrie, c'est la ville la plus grande et la plus peuplée
du pays, à en juger par les ordonnances relatives à la
répartition des aides Son budget normal est d'environ
4,500 livres bretonnes, valant 5,625 livres tournois, soit

1. Act. de Bret., II, 53. — 2. Arch. d'Ille-et-Vil. Titres de Piré,
1462. — 3. Arch. du Finist. Compte de Roland Baud,

168,750 fr. de nos jours. Le budget de 1481-1482 a laissé un excédant de recettes de 220 l. 8 s. 9 den. Les recettes prévues pour l'année 1482-1483 s'élèvent , y compris cet excédant, à 4,631 l. 8 s. 4 den. La ferme du billot, c'est-à-dire du droit perçu sur la vente du vin au détail, donne 1,979 l. 1 s. 3 d. ; la cloison des draps ou droit d'entrée sur les draps, 1,120 l. ; la cloison de la mercerie, 205 l. 5 s. ; la cloison des vins, 350 l. , la cloison du pavage, 436 l. 13 s. 4 d. ; la ferme des peaux, laines, marché à lavoir, ferronnerie, cuiraterie, lingerie, 320 l. Parmi les dépenses, nous remarquons 20 livres de gage à Alain Évrart pour l'entretien de l'horloge de la ville , 10 livres pour entretenir l'horloge de graisse et de suif ; 24 l. 7 s. à Jeannin Gauchart, adjudicataire du nettoyage des rues, qu'il doit parcourir trois fois par semaine avec un tombereau, pour recueillir les immondices. Le budget se soldera avec un excédant de recettes de 182 l. [1]. En 1483-1484, la recette est de 4,551 liv. 12 s. 10 den. ; les dépenses de 3,772 l. 5 s. 5 den.

Dans chaque ville , les paroisses ont une organisation distincte et indépendante. Elles s'administrent elles mêmes sous le contrôle de l'évêque. A la tête de chaque paroisse sont douze fabriqueurs élus par les fidèles. La fabrique choisit parmi ses membres deux magistrats appelés tantôt trésoriers, tantôt procureurs, chargés des recettes et des dépenses. Leur magistrature dure un an ; leur mandat expiré, ils rendent leurs comptes à la fabrique. Les ressources de la paroisse comprennent ; 1° Ses rentes et les revenus qu'elle tire de certaines cérémonies ; 2° les dons des fidèles ; 3° les taillées d'église que s'imposent les paroissiens, quand les ressources ordinaires sont insuffisantes. Prenons un exemple : la paroisse Saint-Melaine à Morlaix

1. Arch. de Rennes, Compte des miseurs.

tire 45 s 10 d. de ses rentes, 55 s. des dons et offrandes.
Pour couvrir ses dépenses, elle s'impose une taillée de 5 s.
par ménage entier, et de 2 s. 6 den. par demi-ménage,
« savoir chaque veuf ou veuve. » Les pauvres, les nouveaux mariés, les nouveaux venus sont exempts de la
taillée. Grâce à ces divers expédients, les recettes attei-
gnent environ 68 livres, qui suffisent largement à tous les
besoins [1].

Dans les paroisses rurales, la fabrique n'administre pas
seulement le temporel de l'église, mais aussi les affaires de
la commune. Elle surveille la perception des fouages, la
levée et l'armement des francs-archers. En un mot, les
paroisses rurales correspondent à nos communes. Leur
étendue est très-variable. Celle du Guer, dans l'évêché de
Léon, compte 120 feux, celle de Pourpriac, 108, celle de
Saint-Germain, 2 seulement [2]. Les paroisses rurales ont
des revenus de même nature que ceux des paroisses ur-
baines. Examinons le budget de la paroisse de Piré en
1519-1520. La paroisse possède un moutonet d'or que
les trésoriers se transmettent d'année en année, sans jamais
l'entamer. Le total des recettes est de 95 l. 12 s. 1 d. 8 ob.
Les rentes de la paroisse donnent 5 l. 9 s. 11 d. ; la taxe
du cierge béni et des huiles consacrées, 6 l. 5 s. ; les petites
sommes offertes à l'autel Notre-Dame, 25 l. 5 s ; les petites sommes déposées dans les troncs de l'autel, 8 l. 12 s.
9 d. ; le pain, les pommes, les poires, le chanvre, et autres
offrandes, vendues aux enchères, 8 l. 4 s. 7 d. ; les porcs
offerts et vendus, 9 l. 13 s. 8 d. 1 ob. ; le beurre, 19 l.
13 s. 4 d. ; le blé, 10 l. 2 s. 4 d. La vente de ce qui restait
du vin de Pâques, 20 s. Les dépenses n'excèdent jamais
les recettes [3].

---

1. Arch. du Finist. Comptes de St-Melaine. — 2. Arch. de la
L.-Inf. Reg. de la chancell. 1462, f° 119, v°. — 3. Le Déal de
Piré, Reg. des trésoriers de la paroisse de 1519 à 1552.

Les villes et les paroisses de Bretagne ont une singulière
vitalité. Elles sont incapables de subir une injustice. Trop
chargées de fouage, elles réclament auprès de la Chambre
des Comptes et obtiennent une enquête pour faire valoir
leurs droits. En 1462, le grand-maître de l'artillerie, Olivier de Quélen, veut imposer aux paroisses de la baronnie
de Fougères plus d'archers qu'elles n'en doivent fournir.
Elles réclament auprès du grand conseil et obtiennent une
ordonnance qui modère le zèle du grand maître [1]. Elles
poursuivent les contribuables qui cherchent à se dérober
aux fouages, saisissent leurs biens et leur intentent des
procès [2]. Les villes ne sont pas moins tenaces pour défendre leurs droits. La ville d'Ancenis intente un procès
au sire de Rieux, son seigneur, et le force de lui cons-
truire une cohue ou marché couvert, dont elle a fait les
frais [3]. Les assemblées municipales sont actives et intel-
ligentes ; elles entreprennent de grands travaux d'utilité
publique. Celle du Conquet construit une chaussée pour
mener à son port [4] ; celle de Lannion répare et agrandit
ses quais [5]. Celle de Rennes, en 1492, achète un terrain
où elle élève un bâtiment pour ses écoles. Le travail
commencé, les maîtres se réunissent et déclarent que l'é-
difice ne suffira ni pour eux, ni pour leurs élèves. L'assemblée municipale fait une enquête, décide que la récla-
mation des maîtres est fondée et ordonne d'agrandir la
construction projetée. Elle dépense ainsi 1070 l. au lieu
de 720 [6]. La ville de Rennes a quatre médecins et un
rebouteur à son service. Le rebouteur « adoubous des
membres mal mis, » reçoit 5 l. de gages par an ; les
médecins reçoivent de 40 à 100 livres. Comme ils peuvent

1. Arch. de la L.-Inf., Reg. de la chancell. 1462, f° 97, r°. —
— 2. Arch. de la L.-Inf., E. 184. — 3 Ibid., E. 184. — 4. Arch.
de la L. Inf., Reg. de la chancell., 1473, f° 91, r°. — 5. Ibid,
1486, f° 22, r°. — 6. Arch. de Rennes, 46.

en outre exiger des honoraires de leurs clients, ils réalisent de beaux bénéfices. La ville leur accorde deux mois de vacance par an ; ils ont droit d'exercer leur profession au dehors ; mais ils ne peuvent sortir de Rennes sans l'autorisation du capitaine; deux d'entre eux doivent toujours rester dans la ville à la disposition des malades [1].

Le tableau que nous venons de tracer de l'administration municipale serait incomplet si nous ne parlions des écoles et des hôpitaux. La Bretagne au xv⁸ siècle présente trois sortes d'écoles : écoles épiscopales, écoles paroissiales, écoles municipales. Les écoles épiscopales sont attachées au chapitre de chaque cathédrale. A Nantes, l'école dépend du sous-chantre de la cathédrale [2]. A Dol, la maître-écolerie occupe des immeubles estimés au prix de 419 livres bretonnes [3].

Les écoles paroissiales existent dans toute la France [4]. Plus rares peut-être en Bretagne , on ne peut cependant nier leur existence [5]. Les écoles municipales sont plus fréquentes et plus florissantes. La ville de Tréguier a un collége fondé en 1325 par Guillaume de Coatmohan, avec des bourses pour les écoliers pauvres [6]. Les écoles les mieux tenues sont celles de Rennes, Nantes et Vannes. Les écoliers s'y rendent en colportant les nouvelles , en discourant sur les derniers évènements politiques [7]. Les jeunes gens de grande famille ont chez eux un précepteur [8]. François II, en fondant en 1460 l'Université de Nantes , combla une lacune dans l'instruction de la jeunesse. Avant lui, les jeunes gens pour achever leurs études

1 Arch. de Rennes, 337, 338. — 2. Rev. de Bret. et de Vend. juin 1876, l'Université de Nantes, par Léon Maître. — 3. Arch. de la Loire-Inf. Reg. de la chancell. 1480, f° 182, recto. — 4. V. Luce, hist. de du Guesclin, et arch. nat. J.J.218 f° 1, r°.—5. Nous donnons les preuves dans le Bulletin de la Soc. acad. de Brest, 1878 dans le travail que nous avons publié sous ce titre : Les Ecoles et les Médecins en Bret. au XVe siècle. — 6. Act. de Bret. ii, 1787. — 7. Arch. de la Loire-Inf. E. 192. — 8. Ibid., E. 190.

étaient forcés de se rendre à Paris [1] ou à Angers [2]. La
rareté et la cherté des livres était un obstacle au développement de l'instruction. L'imprimerie pénétra en Bretagne en 1484.

La Bretagne au XV° siècle possède un grand nombre
d'hôpitaux et d'institutions charitables. Il n'est pas de
ville qui n'ait au moins un hôpital. Les maladreries sont
encore plus nombreuses que les hôpitaux. Le savant archiviste de la Loire-Inférieure, M. Léon Maître, en a
compté quinze dans le seul évêché de Nantes [3]. Malgré
les secours que la charité offre aux malades, les épidé-
mies sont fréquentes. Il n'y a pas d'année où le gouvernement n'accorde des dégrèvements de fouage aux paroisses décimées par la peste [4]. Les médecins sont rares,
et presque tous étrangers. Le duc les prend à son service
et leur assigne une ville pour résidence avec gages sur
les recettes municipales. Il les exempte d'ailleurs de
taille et de corvée [5]. La plupart des villes se contentent
de barbiers-chirurgiens, tels que Robin-Launay, chirur-
gien de l'hôpital de Saint-Clément à Nantes [6].

L'organisation de la justice en Bretagne au xv° siècle
est aussi compliquée que dans le royaume de France. Il
faut distinguer en effet la justice ducale et la justice sei-
gneuria'e, la justice civile et la justice criminelle. En
réalité cependant, dans toutes les juridictions, dans tous
les tribunaux, on trouve les mêmes personnages. Comme
leurs gages sont dérisoires, ils ne peuvent vivre qu'à condition de cumuler plusieurs emplois [7]. Ainsi l'abbaye de
Landévennec alloue en 1509 à Jean de Coetanezre, juge

1. Arch. de la Loire-Inf., Reg. de la chancell. 1487, f° 261, v°.
— 2. Arch. nat. J. J. 219, f° 102, v°. — 3. Maître, hist. des
hôpitaux de Nantes. — 4. Voir à cet égard les arch. de la Loire-
Inf. Reg. de la chancell. — 5. Voir les preuves, Bullet de la Soc.
acad. de Bret. loc. cit. — 6. Arch. de la Loire-Inf., Reg de la
chancell., 1473, f° 133, v°. — 7. Act. de Bret. III, 760.

de la cour de Guélemain 60 s. pour ses gages et 40 s. au greffier Jean de la Boexière[1]. L'évêque de Quimper est plus généreux. Jean de Coetanezre, sénéchal de la cour des régaires, reçoit 25 l. pour ses gages de l'année 1464 : Michel de Coetanezre, son bailli, et le procureur Guillaume Ledeyn reçoivent chacun 6 l.[2].

Les gens de loi forment trois classes distinctes et nombreuses. La première comprend les procureurs et les juges; la seconde, les avocats et les notaires; la troisième, les sergents. Les procureurs et les juges sont « les gens du duc » dont ils défendent les droits avec une indomptable ténacité. Ils résistent à toute aliénation du domaine[3]. Ils intentent des procès à tout seigneur laïque ou ecclésiastique qui paraît empiéter sur la prérogative ducale[4]. Ils surveillent et poursuivent les officiers prévaricateurs[5]. Enfin, c'est par zèle pour les droits du duc qu'ils exercent la police, arrêtent les malfaiteurs et veillent à la défense de la propriété[6]. Leur vigilance n'est jamais en défaut.

Les notaires sont fort nombreux en Bretagne au xvᵉ siècle. Ils se recrutent surtout parmi les cadets de famille nobles. Nous avons trouvé parmi les notaires un de Ploeuc, un Kervasdoué, un Bois-Boissel, un frère du chancelier Chrétien. Les avocats étaient aussi nombreux, mais moins respectés, parce qu'ils se recrutaient moins dans la noblesse. Il n'est pas rare d'en trouver qui tiennent publiquement des hôtelleries ou qui se livrent au commerce[7]. Quelques-uns sont fort ignorants, mais ils ont en général une grande expérience pratique ; ils sa-

---

1. Arch. du Finist. E. 2, 48. — 2. Arch. du Finist., compte de Leslandenez. — 2. Arch. d'Ille-et-Vilaine Procès de Montauban. — 3. Act. de Bret., III, 332. — 4. Arch. de la Loire-Inf. E. 181. — 6. Ibid. Reg. de la chancell. 1503, f° 141, r°. — 7. Act. de Bret. III, 760.

vent allonger les procès en multipliant les expédients et exploiter la confiance de leurs clients [1].

Les sergents sont des officiers d'ordre inférieur chargés de porter les assignations judiciaires et d'exécuter les sentences des tribunaux. Parmi eux, les sergents féodés, au nombre de cinquante-trois, sont des seigneurs qui ne daignent pas remplir eux-mêmes leurs fonctions. Il les afferment à leurs commissaires, ce qui ne les empêche pas de pressurer les populations [2]. Les sergents généraux et les simples sergents reçoivent des honoraires fixés à 2 s. par lieue en cas de voyage pour porter leurs exploits [3]. Aux différents officiers que nous avons énumérés, si l'on ajoute les greffiers, on aura l'ensemble des gens de loi en Bretagne au xve siècle.

Tout seigneur rend la justice sur ses terres. Mais les évêques, les barons et les bannerets ont seuls avec le duc le droit de haute justice. La justice criminelle est rendue sans appel. Les sentences rendues le matin sont exécutées le jour même, après-midi [4]. Les coupables d'ailleurs échappent facilement à l'action des tribunaux. Il leur est facile de gagner un lieu d'asile et de se réfugier en France. Alors, pourvu qu'ils fassent agir leurs parents et leurs amis, ils obtiennent des lettres de rémission [5]. Pour la justice civile, il y a appel de l'alloué au sénéchal, du sénéchal au Parlement. Les appels des tribunaux de seigneur haut justicier vont directement au Parlement. Les procès sont souvent interminables. Les tribunaux ont d'ailleurs un remarquable esprit d'impartialité. Aussi, il est rare en Bretagne de trouver des hommes qui, comme dans le reste de l'Europe, se fassent conférer les premiers ordres de la prêtrise, afin de jouir du privilège de clergie et de se soustraire à la juridiction des tribunaux laïques.

A côté de la société civile, l'église a son organisation particulière souvent indépendante. Elle a sa justice, ses tribunaux. Les deux administrations, laïque et ecclésiastique, quelquefois rivales, se touchent sans jamais se confondre. Les abbayes sont au nombre de soixante-treize, dont trente-huit occupées par les Bénédictins. Chacune a des terres, où elle exerce tous les droits féodaux, et fait rendre la justice par des tribunaux laïques. Elle a des revenus en argent et en nature, dont elle afferme la perception [1]. Elle a des procès avec ses tenanciers [2]. Elle arrondit ses domaines, achète des terres [3].

La Bretagne a repoussé la Pragmatique Sanction de Bourges. Elle est restée pays d'obédience. Les évêques et les abbés sont désignés par le Saint-Siége, sur la présentation des chapitres, et ne peuvent prendre possession de leur titre qu'après avoir fait accepter leurs bulles par le gouvernement. Les bénéfices secondaires restent huit mois de l'année à la nomination du pape et quatre mois à la nomination des évêques [4]. Les évêques, au nombre de neuf, sont suffragants de l'archevêque de Tours. L'évêque de Dol, en souvenir de son ancienne prééminence, reste le premier des évêques de Bretagne et exige du métropolitain des lettres spéciales, quand ce dernier adresse quelque circulaire à ses suffragants. Les évêques siégent de droit aux Etats. A leur titre est toujours attaché un fief, appelé régaire, dont ils perçoivent les revenus, et dans lequel ils exercent tous les droits féodaux. Leurs revenus sont très variables. L'évêque de Cornouaille, un des moins riches du duché, reçoit en 1464, en argent monnayé,

1. Arch. du Finist., E. 2, H. 1-6. — 2. Ibid., E. 2, H. 6, 18. — 3. Ibid., E. 2, H. 7. — 4. Arch. d'Ille-et-Vil. A. 31, B-A.

503 l. 4 s. ; en nature, 80 tonnes et 7 rennées de froment, 80 tonnes 10 rennées de seigle, 22 tonnes 6 rennées d'avoine, 1098 poules, 8 chapons, 7 coqs, 22 moutons, 2 saumons, 3 selles, 6 couteaux [1].

Les chapitres des églises cathédrales sont des êtres collectifs souvent très riches et jouissant de privilèges spéciaux. Celui de Rennes, composé de seize chanoines, compte parmi ses droits la présentation aux bénéfices appelés monoculaires. Chaque chanoine a l'un de ces bénéfices dans sa prébende [2]. Le clergé des paroisses a les dîmes, le produit de certaines offrandes et celui des messes, dont le prix est de 3 s. au xvᵉ siècle [3]. Il profite également des fondations pieuses, qui lui assurent des indemnités pour les prières qu'exigent les fondateurs [4]. En général, le clergé des campagnes vit au milieu des paysans. Quand ses revenus sont insuffisants, il ne dédaigne pas certains profits illicites. Les prêtres pauvres tiennent boutique et quelquefois se font taverniers [5].

L'église a des tribunaux ecclésiastiques qui jugent les délits de ses membres et les procès relatifs aux mariages, aux testaments. Ils ont une tendance à empiéter sur les droits des tribunaux laïques. Mais le gouvernement réprime aussitôt leurs empiétements [6]. La discipline du clergé est souvent compromise par l'influence de la féodalité. Entre les monastères surgissent des querelles de préséance souvent interminables [7]. L'abbaye de St-Georges, à Rennes, offrait en 1474 de tels abus qu'il fallut y opérer une réforme sévère [8]. Quelquefois, les bénéfices sont conférés à des titulaires incapables, comme Claude de Rohan,

---

1. Arch du Finist., compte de Lestandenez. — 2. Act. de Bret. ii. 1022. — 3. D. Lobineau, xxii, 135.—4. Arch. d'Ille-et-Vilaine, titres de Piré, 1463, testament de Guill. de Rosnivinen. — 5. Act. de Bret. iii, 328. — 6. Arch. de la Loire-Inf. Reg de la chancell. 1465, fo 23, ro. — 7. Act. de Bret. ii, 1632. — 8. Act. de Bret. iii, 278.

évèque de Cornouaille, dont l'intelligence était si débile que sa famille le fit interdire [1].

En général cependant, le clergé breton est recommandable et digne d'estime. Les prélats indignes comme Jacques d'Epinay, ou turbulents comme Amaury d'Acigné sont rares. Le clergé fournit des hommes d'Etat pleins de patriotisme, tels que Vincent de Kerleau, Guy du Boschet, Michel Guibé. Aussi son influence est grande dans le gouvernement et dans l'administration.

Considérons maintenant les diverses classes de la société bretonne dans leur existence de chaque jour, dans leur vie privée et leurs relations entre elles.

Le duc de Bretagne est un des plus grands seigneurs du royaume, forcé de déployer un grand luxe « pour entretenir son état. » Dans l'ameublement de ses châteaux, dans l'organisation de sa cour se montre toute la magnificence du xvᵉ siècle. Dans ses châteaux abondent les tapisseries, les étoffes précieuses, telles que la soie, le velours, les draps d'or, les bijoux, la vaisselle d'or et d'argent [2]. Sa cour présente un nombre incroyable de chambellans, de maîtres d'hôtel, maîtres de la garde robe, secrétaires, pannetiers, échansons, écuyers d'écurie, écuyers tranchants. A côté d'eux figurent les aumôniers, chapelains, médecins, astrologues, fauconniers, veneurs, pages, sans compter les pensionnaires de l'hôtel. Tous ces officiers sont partagés en plusieurs bans, qui servent à tour de rôle, pendant trois ou quatre mois et qui, pendant la durée de leur service « ont bouche à cour. »

La duchesse, les duchesses douairières, les enfants du duc ont aussi leur maison. Aussitôt après leur naissance, Anne et Isabeau eurent une cour largement dotée, et de nombreux officiers. Elles avaient des robes somptueuses

1. Arch. nat. J. 246. 125. — 2. Bibl. nat. mss. 22. 338.

et des manteaux d'écarlate « pour les porter à l'ébat [1]. »
Aussi la maison du duc absorbait chaque année le tiers
des revenus publics.

Le clergé se compose de deux éléments. Le haut clergé
se recrute dans la noblesse, le bas clergé dans le menu
peuple. Les évêques, les abbés sont de grands seigneurs
qui ont d'immenses domaines à administrer, des vassaux
laïques à gouverner. Ils contractent ainsi l'habitude des
affaires et deviennent facilement hommes d'Etat. Les prêtres de campagne ont leur temporel à administrer, leurs
dîmes à percevoir, sans pressurer les fidèles Ils acquièrent
aussi l'expérience du monde. Ce double rôle du clergé
breton explique d'une part son influence, de l'autre sa
sagesse et sa docilité au milieu des crises traversées par
la Bretagne au xv⁰ siècle.

La haute noblesse, qui comprend les puissantes familles
des Rohan, des Rieux, des Laval, de Malestroit, a de
vastes domaines, un mobilier somptueux [2]. Tout grand
seigneur a une cour analogue à celle du duc, des officiers,
des écuyers, des aumôniers, des pensionnaires Le seigneur
de Guéméné a trente-six officiers avec « bouche à cour, »
et qui reçoivent 3,180 livres de gages. Il a trente chevaux
en permanence dans son écurie [3]. Aussi presque tous les
membres de la haute noblesse sont endettés, et par suite
turbulents.

La petite noblesse a des mœurs plus simples. Elle vit
dans ses terres, où elle arrondit ses domaines. Ses membres « tiennent maison tous jours, maison ample, de bon
état et gouvernement. En icelle hantent et fréquentent
plusieurs gens et personnages nobles, et sont recueillis
comme en maison de noble homme. Aussi les pauvres

1. Act. de Bret. III, 324. — 2. Arch. de la Loire-Inf. E. 190.
— 3. Act. de Bret. III, 1039.

sont bien venus , et sont aumônés au nom de Dieu [1]. »
Les seigneurs bretons ont cependant entre eux d'aigres
rivalités Ils se disputent la préséance aux Etats, dans les
églises. Quelquefois , les querelles de préséance amènent
dans les églises des luttes violentes qui troublent les offices [2]. Les seigneurs sont d'ailleurs bienveillants pour leurs
vassaux, et vivent familièrement avec leurs tenanciers [3].

Le droit d'aînesse est sévèrement établi en Bretagne.
L'aîné de la famille a les deux tiers des biens, et partage
le reste avec ses juveigneurs ou cadets. Souvent le père de
famille émancipe ses enfants avant l'âge , et assigne une
part aux juveigneurs en avancement d'hoirie. Mais le
partage n'est valable que si l'aîné y donne son consentement [4]. Les juveigneurs se jettent généralement dans le
notariat, dans les offices de judicature, ou bien ils s'enrôlent dans les ordonnances Beaucoup vont chercher fortune
en France, et réussissent à s'enrichir par un riche mariage, comme Guillaume de Rosnivinen, qui devint un des
grands seigneurs de son pays, grâce à son mariage avec
Pauline de Meulan [5].

La bourgeoisie se livre au commerce et à l'industrie.
Elle a un goût prononcé pour les associations de tout
genre. Les sociétés de secours mutuels sont nombreuses
et bien organisées [6]. En général, la bourgeoisie est attachée
à son pays et à ses institutions, pleine de dévouement et
de patriotisme. Les diverses classes qui la composent son,
unies entre elles. Les domestiques font partie de la
famille de leur maître et le servent avec abnégation [7].

1. Bulletin de la Soc. acad. de Brest., 1878, les Coatanlem. —
2. Hévin : Quest. féod. — 3. Arch. de la Loire-Inf. Reg. de la
chancell. 1503, f° 131, et arch. nat. J. J. 221, f° 73, v°. — 4. Arch.
de Kervasdoué. — 5. Arch. d'Ille-et-Vilaine, titres de Piré. — 6.
Rev. de Bret. et de Vend. sept. 1868. — 7. Arch. de la Loire-Inf.
Reg. de la chancell. 1503, f° 137, v .

Les paysans, malgré les charges qui pèsent sur eux, semblent contents de leur sort. En 1480, ils s'enrôlent en foule dans la milice des Bons-Corps[1]. Il y a cependant parmi eux trois sortes d'hommes déshérités : les Quevaisiers, les Mottiers et les Caqueux. Les Quevaisiers sont libres de leur personne, mais la terre qu'ils cultivent ne leur appartient pas : elle appartient au vicomte de Rohan[2]. Quand meurt un Quevaisier, sa terre passe au dernier de ses enfants mâles ; s'il meurt sans enfant, la terre retourne au seigneur, au préjudice des collatéraux. Les Mottiers, ou serfs de la Motte, ont une condition plus malheureuse. Ils ne peuvent, eux ni leurs enfants, quitter la seigneurie ni entrer dans les ordres sacrés sans le consentement de leur seigneur. Sinon, le seigneur peut les ramener sur la Motte, un cordeau au cou, et les punir arbitrairement[3].

Les Caqueux sont assimilés aux ladres. On les croit atteints de maladies contagieuses. Ils ont une place marquée dans les églises ; ils ne peuvent se marier qu'entre eux. Quand ils circulent hors de leurs quartiers, ils doivent porter une pièce rouge à leur robe. Ils ne peuvent cultiver que la quantité de terre strictement nécessaire pour les nourrir. En général, ils font le métier de cordier[4].

Telle est la Bretagne à l'époque de sa réunion à la France. Elle nous offre un petit peuple énergique, avec des institutions sages et libérales, des mœurs politiques vigoureuses. Unie à la France, elle conservera un ardent esprit de provincialisme. Elle défendra soigneusement ses institutions et ses privilèges. Mais elle luttera avec les autres provinces de dévou.....ent pour la patrie commune.

---

1. Arch. de la Loire-Inf. Reg. de la chancell. 1480, f° 71, v°. — 2. Act. de Bret. iii, 440. — 3. Coutume de Léon, 145-147. — 4. Arch. de la Loire-Inf. Reg. de la chancell. 1468, fo 113, r°.

Nous espérons d'ailleurs présenter bientôt, dans une prochaine étude, l'histoire de la Bretagne sous l'administration française.

VU ET LU A PARIS, EN SORBONNE,

le 23 Février 1879

Par le doyen de la Faculté des Lettres de Paris,

H. WALLON.

VU ET PERMIS D'IMPRIMER :

Le Vice-Recteur de l'Académie de Paris,

GRÉARD.

TABLE DES MATIÈRES

Brest, Typ. Lith. Gadreau, rue de Siam, 99.

www.ingramcontent.com/pod-product-compliance
Lightning Source LLC
Chambersburg PA
CBHW070354090426
42733CB00009B/1416